DON
BOSCO

Bettina Herrmann ist Literaturwissenschaftlerin und seit Jahren in der religiösen Elementar- und Sonderpädagogik engagiert.

Sybille Wittmann, Gymnasiallehrerin für Deutsch und Französisch, schöpft ihre Erfahrungen aus der Gemeindekinderbetreuung.

Bibliografische Information der Deutschen Nationalbibliothek

Die Deutsche Nationalbibliothek verzeichnet diese Publikation in der Deutschen Nationalbibliografie; detaillierte bibliografische Daten sind im Internet über http: / / dnb.d-nb.de abrufbar.

1. Auflage 2010 / ISBN 978-3-7698-1801-7

Umschlag und Layout: Reclamebüro, München
Umschlagillustration: Petra Lefin
Illustrationen: Petra Lefin
Notensatz: Nikolaus Veeser, Schallstadt
Produktion: Don Bosco Druck & Design, Ensdorf

Gedruckt auf umweltfreundlichem Papier.

Gerne nehmen wir Ihre Anregungen, Wünsche, Kritik oder Fragen entgegen:
Don Bosco Medien GmbH, Sieboldstraße 11, 81669 München
Servicetelefon: 089 / 48008-341

Bettina Herrmann • Sybille Wittmann

Von Heiligen und anderen Menschen wie ich

Modelle zur religiösen Werteerziehung in Kita und Gemeinde

DON BOSCO

Inhalt und Überblick

günstiger Zeitpunkt	Werte
Im Advent bzw. zum Fest der Namensgebung Jesu (1. Januar)	*Ich bin ein Kind Gottes und gehöre zu Jesus.* Identität
Zirkusfest, Fasching	*Ich bin mehr als ich darstelle.* Herzlichkeit | Vertrauen | Entscheidungsfähigkeit
kurz nach Weihnachten, am Josefitag oder am Vatertag	*Ich kann Verantwortung übernehmen.* Verantwortungsbewusstsein | Fürsorge | Demut
im Frühjahr rund um den Muttertag	*Ich kann mir ein Herz fassen.* Mütterlichkeit | Barmherzigkeit | Zivilcourage
am besten im Mai anlässlich der Eisheiligen	*Ich kann tapfer aus Überzeugung sein.* Weisheit | Standhaftigkeit | Glaube | Liebe | Hoffnung
am besten im Sommer verbunden mit einem Besuch im Kloster	*Ich kann mich an Regeln halten.* Pflichtbewusstsein | Klugheit | Selbstdisziplin
an Ostern oder im Frühsommer	*Ich kann ein guter Freund, eine gute Freundin sein.* Treue | Beständigkeit | Zuverlässigkeit
im Sommer zur Ferienzeit	*Ich kann an meinen Aufgaben wachsen.* Durchhaltevermögen | Wertschätzung | Achtsamkeit
beliebig einsetzbar Besinnungstag Kommunionvorbereitung	*Ich kann meine Ziele erreichen.* Zielstrebigkeit | Entschlossenheit | Freundschaft
im November rund um den Leonharditag	*Ich kann zum Segen für Mensch und Tier werden.* Freiheitsliebe | Gerechtigkeitssinn | Hilfsbereitschaft
beliebig einsetzbar	*Ich kann Mitgefühl zeigen.* Nächstenliebe | Mitleid | Freigebigkeit
im Advent rund um den Namenstag der heiligen Lucia	*Ich stehe zu meinen Überzeugungen.* Mut | Standhaftigkeit | Klarheit
beliebig einsetzbar, auch im Frühjahr	*Ich habe Vertrauen in meine Fähigkeiten.* Offenheit | Selbstvertrauen | Einsicht

„Das bin ja ich!" –
Werteerziehung mit Heiligen und Namenspatronen

Wenn unsere Tochter Prinzessin spielte, wollte sie immer „Daniela" heißen, weil es in unserem Dorf ein hübsches Mädchen mit langen Haaren gab, das diesen Namen trug. Ein Kräftemessen der Buben ging nicht ohne vorherige Ansage: „Ich tät jetzt ... sein", wobei hier jeder gerade gängige Superheld von ihnen eingesetzt wurde.
Im Rollenspiel (ver)ändern Kinder gerne ihren Namen. Sie schlüpfen in eine andere Identität und können im Handeln und Erleben der angenommenen Person experimentieren. Der eigene Name wird dabei nicht abgelehnt, sondern aus einer distanzierten Sicht wahrgenommen. Indem ich ihn verändere, erfahre ich: Mein Name und meine Person lassen sich nicht voneinander trennen – „Das bin ja ich"!
Daraus drängt sich den Kindern die Frage auf: „Warum habe ich gerade *diesen* Namen?" Die Antwort der Eltern wird sicherlich unterschiedlich ausfallen: Kinder werden nach familiärer Tradition (nach dem Vater oder Großvater) benannt oder weil der Name gefällt und schön klingt. Oft gibt es regelrechte Modeerscheinungen bei der Namenswahl. Ein erfolgreicher Kinofilm – und schon boomt im

Standesamt der Name des Protagonisten. Vielleicht verbindet man mit dem Namen auch eine Aussage oder einen Wunsch. Namensbedeutungen werden gerne nachgeschlagen und finden sich auch oft auf Glückwunschkarten.
Bei genauer Nachforschung entdeckt man bedeutende Namensvettern und Namenspatrone. Ihre Persönlichkeiten und die Leitvorstellungen ihres Lebens machen sie zu (realen) Vorbildern, an denen man sich orientieren kann.

Gerade die kirchlichen Namenspatrone – die Heiligen – verkörpern eine ideelle Grundhaltung. Ihre Wertvorstellungen durchflechten das Leben wie ein roter Faden und geben ihm einen Sinn. Dabei sind auch sie nur Menschen. Gerade in den Krisen der Heiligen und in ihren Glaubenszweifeln werden sie für uns greifbar. Die Kinder können erkennen: Auch mein Leben kann gelingen, wenn Gott an meiner Seite ist. Erfahrungen von Misserfolg, Leid und Ausgrenzung gehören zum Leben dazu. Was letztlich zählt, ist unser Handeln. Die Heiligen werden seit Jahrhunderten verehrt, weil sie konsequent die christliche Botschaft in die Tat umgesetzt haben und allen äußeren Widerständen zum Trotz ihrer inneren Stimme gefolgt sind. Gott stand dabei immer im Mittelpunkt ihres Lebens. Für uns sind sie keine Ikonen, die unabhängig von Gott verehrt oder gar vergöttlicht werden sollen, wie es teilweise in der Volksfrömmigkeit geschieht. Nach unserem Verständnis sind sie Vorbilder, weil sie auf ihre ganz individuelle Weise das Wort Gottes nicht nur verkündet, sondern regelrecht vorgelebt haben. Die Werteerziehung mithilfe der Heiligen ist konfessionsübergreifend und richtet sich an Eltern, Lehrer und Erzieher / -innen gleichermaßen. An den Legenden der Heiligen kann man ablesen, was es bedeutet, auf die Stimme Gottes zu hören und wie Jesus Christus seinen Mitmenschen zu dienen. Die Heiligen sind „wie bunte Fenster, durch die das Licht der Sonne hindurchscheint“[1] – sie sind durchlässig, um von Gottes Liebe Zeugnis zu geben.

Das vorliegende Buch möchte aufzeigen, dass sich aus dem Leben der Heiligen ein pädagogischer Auftrag ableiten lässt. Ihr vorbildliches Handeln kann den

Kindern in Modellen vermittelt werden. In einer unübersichtlich werdenden Welt, die von einer Krise in die nächste taumelt, benötigen wir mehr denn je moralische Orientierung und tragfähige Maximen. Die Profile der Heiligen ermöglichen es, in Vergessenheit geratene Tugenden mit neuem Leben zu füllen. Wir sind uns natürlich bewusst, dass sich Werte nicht wie Vitaminpräparate verabreichen lassen. Werteorientiertes Handeln und die Ausbildung eines moralischen „Kompasses" sind eine Lebensaufgabe, mit der man nicht früh genug beginnen kann. Kinder müssen im Laufe der Zeit Maßstäbe entwickeln, nach denen sie ihr eigenes Handeln ausrichten und fremdes Verhalten beurteilen können. In der Gemeinschaft mit anderen lernen sie die Notwendigkeit von „Spielregeln" kennen. Erst in einem späteren Stadium werden sie in der Lage sein, herrschende Wertvorstellungen kritisch zu hinterfragen und ihre eigenen Maximen aufzustellen. Zum Aufbau sozialer Kompetenzen benötigen sie authentische Vorbilder. Wer wäre dafür besser geeignet als Menschen, die für ihre Überzeugung oft mit dem Leben bezahlt haben und deren Glanz auch nach Jahrhunderten weit über die Grenzen Europas hinaus noch nicht verblasst ist?
Durch den gemeinsamen Namen bin ich nicht nur mit meinem Patron verbunden, sondern mit allen Trägern dieses Namens auf der ganzen Welt. Wir sind Kinder Gottes und tragen heilige Namen. Wer sich mit den Heiligen beschäftigt, erhält tiefe kulturelle Einblicke, bekommt ein Rüstzeug fürs Leben und spürt etwas von der Macht des Heiligen Geistes. „Ich habe einen wunderbaren Namen, weil Gott mich gerufen hat und weil ich einen starken Patron an meiner Seite habe." Wir finden, dass dieser Mehrwert den Kindern auf keinen Fall vorenthalten werden darf. Namenstage sind in erster Linie ein Anlass zum Feiern, wozu das vorliegende Buch praktische Anregungen geben möchte.

Unsere Stundenkonzepte sind für Kinder im Vorschul- bzw. Grundschulalter gedacht und können in der Schule im Rahmen des Religionsunterrichts oder in der Gemeinde z. B. im Rahmen eines Kinderbibeltages umgesetzt werden. Bei einigen Heiligen bietet sich ein bestimmter Tag bzw. eine Jahreszeit an, andere können dagegen auch unter dem Jahr „besprochen“ werden (vgl. dazu die entsprechenden Anmerkungen in der Inhaltsangabe). Auch wenn kein Kind aus Ihrer Gruppe den jeweiligen Namen tragen sollte, lohnt sich ein näherer Blick auf alle Heiligen, denn ihre Namen sind unsterblich geworden und werden früher oder später wieder auftauchen.

Fröhliche „Heiligen- und Namenstage“ wünschen
Bettina Herrmann und Sybille Wittmann

Ich bin ein Kind Gottes und gehöre zu Jesus

Wir erfahren, was die Namen Jesu bedeuten und welche Rolle die Heiligen spielen.

Im Heiligenkalender: Fest der Namensgebung des Herrn, 1. Januar
Möglicher Anlass: im Advent bzw. zum Fest der Namensgebung Jesu
Biblischer Impuls: ... *man wird ihm den Namen Immanuel geben, das heißt übersetzt: Gott ist mit uns. (Mt 1,21)*

Was offenbaren uns die Namen Jesu?

Matthäus beginnt sein Evangelium mit dem Stammbaum Jesu, der dreimal vierzehn Generationen umfasst und belegen soll, dass sich in Jesus, dem Sohn Davids und Abrahams, die Verheißungen erfüllen. Mit Jesus kommt der lang ersehnte Retter und Erlöser auf die Welt: *Jakob war der Vater von Josef, dem Mann Marias; von ihr wurde Jesus geboren, der der Christus (der Messias) genannt wird (Mt 1,16)*. Josef erscheint als idealer Ziehvater, weil er dem Stamm Davids angehört und noch dazu aus Bethlehem in Judäa stammt, aus dem dereinst – so sagen es die Propheten – *der Hirte des Volkes Israel hervorgehen soll (vgl. Lk 2,4 sowie Mt 2,6)*. Als Josef merkt, dass Maria, seine Verlobte, ein Kind erwartet, möchte er sie zunächst verlassen. Ein Engel des Herrn klärt ihn im Traum über die wahre Vaterschaft auf: *denn das Kind, das sie erwartet, ist vom Heiligen Geist (Mt 1,20)* und damit von Gott. Er erhält den Auftrag, Maria als seine Frau anzunehmen und dem Kind den vorbestimmten Namen zu geben. *Sie wird einen Sohn gebären; ihm sollst du den Namen Jesus geben; denn er wird sein Volk von seinen Sünden erlösen (Mt 1,21)*. Dass sich in den Worten des Engels schon die frohe Botschaft von Jesu Tod und Auferstehung ankündigt, wissen wir heutige Christen; Josef dagegen konnte den Sinn dieser göttlichen Botschaft gar nicht erfassen; dennoch nimmt er den Auftrag an und „adoptiert“ dieses Kind, indem er ihm den vorbestimmten Namen gibt.

Matthäus fügt noch einen weiteren Hoheitstitel für die himmlische Abstammung Jesu an: *Seht, die Jungfrau wird ein Kind empfangen, einen Sohn wird sie gebären, und man wird ihm den Namen Immanuel geben, das heißt übersetzt: Gott ist mit uns (Mt 1,23)*. Dieser Name taucht bereits bei Jesaja als Heilszusage an das Volk Israel auf *(vgl. Jes 7,14)*. In Jesus macht Gott sein Versprechen wahr und schließt einen neuen Bund mit den Menschen im Zeichen der Liebe. „Für Matthäus gewährt Jesus der Gemeinde die Gegenwart Gottes. Zu Beginn seines Evangeliums sagt er auf diese Weise den Jeschua-Immanuel an als auch im Schlussvers *(Mt 28,20)*, wo Jesus als ‚Gott mit uns‘ der Gemeinde verheißen wird bis ans Ende der Welt“[2].

Was bedeutet diese Botschaft für uns?

Anhand der Geschichte von der Geburt Jesu, wie sie uns im Matthäusevangelium begegnet, wollen wir zum einen über Namen und ihre Bedeutung nachdenken. Dabei gilt es spannende Fragen zu klären: Wer darf den Namen für ein Kind auswählen? Ab wann trägt das Kind seinen Namen? Wozu brauchen wir einen Namen? Hat der Name eine besondere Bedeutung? Was „Jesus“ bedeutet und welche Namen der Sohn Gottes noch trägt, lehrt uns ein schönes Lied. Die Kinder erfahren, dass wir Gott huldigen und preisen, wenn wir seinen Namen im Gebet bzw. im Gesang aussprechen. Auch das Bekreuzigen ist nichts anderes als ein Anrufen Gottes, wodurch wir Christen unsere Zugehörigkeit zum dreieinigen Gott bekennen. Dies wollen wir den Kindern in unserer Feierstunde bewusst machen. Wir bringen unsere Freude darüber zum Ausdruck, dass Gott uns seinen Sohn geschenkt hat, der unser Leben hell und heil machen will. Dazu zünden wir unsere Taufkerzen an einer „Jesuskerze“ an und bekennen uns namentlich zu Christus. Deshalb ist unser eigener Name so wunderbar, weil auch wir Kinder Gottes sind. Gott hat uns in der Taufe (stellvertretend durch den Pfarrer) beim Namen gerufen, hat uns in die Gemeinschaft der Christen eingegliedert und in seine Obhut genommen.

Wie feiern wir unsere „Jesus-Namenstagstunde“?

Was wir brauchen:

- Auftrag an die Kinder im Vorfeld: sofern vorhanden, ihre Taufkerzen für diese Stunde mitzubringen
- Bibel, Maria, Josef, Jesuskind (Handpuppen oder Krippenfiguren)

- dunkles Tuch, große helle Kerze, lange gelbe Blattstreifen als „Sonnenstrahlen“
- kleine Spielfiguren (z. B. Playmobil) für jedes Kind bzw. dessen Namenspatron / Namensvorbild
- für den Jesus-Stern: goldene Wellpappe und Plätzchenausstecher in Sternform, Heißkleber, Anstecknadeln

Wir hören aus der Bibel

Im Advent ersehnen wir die Ankunft des Herrn. Um diese Erwartungshaltung bewusst zu machen, sitzen wir mit den Kindern im Dunkeln im Kreis. In der Mitte liegen unter einem Tuch Maria und Josef (Handpuppen oder Krippenfiguren). Wir beginnen unsere Stunde mit dem Kreuzzeichen. Dann schlägt ein Erwachsener feierlich die Bibel auf und liest den ersten Satz von der Geburt Jesu nach Matthäus vor: *Mit der Geburt Jesu Christi war es so: Maria, seine Mutter, war mit Josef verlobt; noch bevor sie zusammengekommen waren, zeigte sich, dass sie ein Kind erwartete.* An der Stelle dürfen die Kinder die Figuren hervorholen und betrachten.

Wir spielen die Geschichte weiter

Anschließend improvisieren zwei Erwachsene einen kurzen Dialog zwischen den Verlobten, in dessen Verlauf Maria Josef gesteht, dass sie schwanger ist. Wir überlegen uns gemeinsam, wie Josef darauf reagieren könnte. Mit Hilfe der Puppe lassen sich verschiedene Varianten durchspielen. Dann ergreift der Erzähler das Wort und liest den entsprechenden Satz von Matthäus vor: *Josef, ihr Mann, der gerecht war und sie nicht bloßstellen wollte, beschloss, sich in aller Stille von ihr zu trennen.* Die Kinder werden aufgefordert Josefs Verhalten zu kommentieren.

Impulse:

- Findet ihr diese Entscheidung richtig?
- Was würde die Entscheidung für Maria bedeuten?
- Wer könnte den beiden in dieser schwierigen Lage helfen?

Nun erscheint ein Engel, der Josef die Lage erklärt und den Willen Gottes übermittelt (die entsprechende Passage bei *Matthäus 1,20–23* wird vorgelesen). Dass Josef gehorcht und Maria annimmt, wird in einem kurzen Dialog vorgespielt: „Du, ich freue mich auf dieses besondere Kind!" „Was hat Gott wohl mit ihm vor?" „Wie sollen wir es nennen?". Falls Josef Maria vorher gekränkt hat, muss er sie natürlich zunächst um Verzeihung bitten. Die Kinder dürfen Josef helfen, passende Worte zu finden. Dann entzünden wir in der Mitte eine große, helle Kerze. Sie steht für die Liebe Gottes, die in Jesus Gestalt annehmen wird.

Wir preisen Jesus

Wir singen das Lied „Jesus, höchster Name", das sich auf die Worte des Propheten Jesaja bezieht *(Jes 9,5–6)*.

Jesus, höchster Name

T. u. M.: Naida Hearn (Orig. „Jesus Name above All Names")
Dt. Text: Gitta Leuschner

T. u. M.: Jim & Anne Mills (Orig. „He's the Prince of Peace", dt. Text: Gitta Leuschner)

Der 2. Teil des Liedes („Er ist der Friedensfürst") bezieht sich auf das Prophetenbuch Jesaja.
Nach mehrmaligem Singen werden sich die Kinder sicher an einige Ehrentitel wie „teurer Erlöser", „siegreicher Herr", „Immanuel", „Friedensfürst" erinnern, die Jesus in diesem Loblied verliehen bekommt. Wir erläutern kurz deren Bedeutung und schreiben die Namen auf „Sonnenstrahlen", die wir um die Kerze legen. In Weihnachtsliedern dürfen die Kinder noch weitere Namen für Jesus suchen, die ebenfalls aufgeschrieben werden.

Impuls

- Fallen euch noch weitere Namen für Jesus ein?

Wir überlegen uns, warum Jesus so viele Namen hat. Wir erkennen, dass er der lang ersehnte Retter der Welt ist, auf den Menschen aus aller Welt gewartet haben. An der Stelle sagen wir den Kindern, wie der Name „Jesus" in anderen Sprachen klingt (englisch, französisch, spanisch, hebräisch ...).

Wir warten auf Jesus

Unsere Mitte erstrahlt nun in feierlichem Glanz, von dem wir uns erleuchten lassen wollen. Wie Maria und Josef warten wir mit der ganzen Welt auf Jesus. Wir stellen die Krippenfiguren in die Mitte und fordern die Kinder auf, die Augen zu schließen. Eine Jesusfigur wird zu Maria und Josef gelegt. Ein Erwachsener trägt die Kerze reihum von Kind zu Kind. Wenn die Kinder das Licht bzw. die Wärme fühlen, öffnen sie ihre Augen und sagen: „Jesus, du bist bei mir." Dabei entdecken sie die nun vollständige Heilige Familie. Wer möchte, darf von seiner Erwartungshaltung berichten. Hinterher dürfen die Kinder berichten, wie sie sich beim Warten gefühlt haben.

Wir sprechen über die Taufe

Dann fragen wir die Kinder, wann sie das erste Mal mit Jesus in Berührung gekommen sind. Wir fordern sie auf, ihre mitgebrachten Taufkerzen hervorzuholen. Wir erinnern uns gemeinsam, was in der Taufe passiert. Dazu betrachten wir unsere Taufkerzen, sprechen über einzelne Symbole und stellen fest, dass auf jeder Kerze der Name des Kindes steht. Dazu stellen wir folgende Überlegungen an: Wer hat euren Namen ausgewählt? Warum nennt der Pfarrer euren Namen, bevor er euch mit Weihwasser tauft? Wir lernen, dass Gott uns in der Taufe beim Namen ruft und damit in die große „Familie" der Christen aufnimmt. Von dem Moment an stehen wir unter dem besonderen Schutz des Vaters, des Sohnes und des Heiligen Geistes. Zur Vertiefung wollen wir unsere Taufe auf folgende Weise „erneuern": Wir rufen der Reihe nach jedes Kind beim Namen. Wer aufgerufen wird, bekennt sich mit folgenden Worten zum Herrn: „Ja, ich gehöre zu Jesus." Er bekreuzigt sich, zündet seine Taufkerze an der „Jesuskerze" an und stellt diese vor seinem Platz auf den nächstliegenden Sonnenstrahl. So lassen wir uns von der Liebe Gottes neu entzünden.

Wir erfahren, was Heilige sind

Dass mit der Taufe auch zugleich der Eintritt in die Gemeinschaft der Heiligen verbunden ist, möchten wir den Kindern zuletzt vermitteln. Wir fragen sie, ob sie wissen, warum sie ausgerechnet diesen Namen tragen und was er bedeutet. Vielleicht hat ja schon das ein oder andere Kind etwas über seinen Namenspatron erfahren und möchte darüber berichten. Den anderen Kindern erklären wir, dass es vor längerer Zeit einen berühmten Träger seines Namens gegeben hat, den wir in den folgenden Stunden näher kennen lernen möchten. Zur Veranschaulichung stellen wir auf jeden Strahl zwischen dem Kind und der „Jesuskerze" eine männliche bzw. weibliche Figur (z. B. von Playmobil). Wir schauen uns die Mitte jetzt genau an und erkennen, dass diese Figuren selber eine Gruppe bilden, die näher am Licht steht als wir. Dann biegen wir einen Arm dieser Figuren so, dass sie auf die heilige Familie deuten. So erfassen die Kinder auf einen Blick, dass die Heiligen Wegweiser sind. Sie zeigen uns, wie wir zu Jesus gelangen können.

Zuletzt reichen wir uns die Hände und sprechen gemeinsam das „Vater unser“. Der Satz „Geheiligt werde dein Name“ hat vor dem Hintergrund dieser Stunde eine neue Bedeutung bekommen. Darauf verweist auch der Namenstagsrap, den wir entweder vorsprechen oder singen. Wer möchte, kann ihn als Einstiegslied in den folgenden Stunden einsetzen.

Namenstags-Rap

Refrain: ***Heu**te feiern wir **Na**menstag,*
***ko**mmen darf, wer **ger**ne feiern mag.*
*Wir **wis**sen, dieser Name **hat** einen Sinn:*
***Gott** hat mich lieb, so **wie** ich bin.*

1. *Wir **zün**den jetzt die **Tauf**kerze an*
*und er**inn**ern uns daran, wie **all**es begann:*
***Gott** hat sich mich **aus**gedacht,*
*meine **Mam**a hat mich auf die **Welt** gebracht.*
*Mein **Pa**te trug mich **zum** Altar,*
*wo **mei**ne Familie ver**samm**elt war.*
*Der **Pfarr**er taufte mich auf **mei**nen Namen,*
*die Ge**mein**de bestätigte mit **ein**em „Amen“.*

2. *Jetzt **bin** ich nie mehr **ganz** allein,*
*denn **Je**sus will immer **bei** mir sein.*
***Wie** ich ihn finde, weiß **mein** Patron,*
*er **fol**gte Jesus und ge**lang**te zum Thron.*
*Sein **Na**me leuchtet in **hei**ligem Schein,*
*so wie **er**, möcht‘ ich am **lieb**sten sein!*
*Er **wei**st mich auf den **Va**ter hin*
*und **gibt** meinem Leben einen **tie**feren Sinn.*

3. *„**Für**chte dich nicht, sei **ein**fach du,*
*__öff__ne die Ohren und **hör‘** gut zu!*
***Gott** ruft auch dich bei **dei**nem Namen,*
***schenkt** dir täglich **sein** Erbarmen.*
*Sei **gut**en Mutes und **hab** Vertrauen,*
*auf **Got**tes Liebe **kannst** du bauen.*
***Leg** dein Leben in **Got**tes Hand,*
***er** führt dich ins ge**lob**te Land.“*

Die Fettsetzungen in jeder Zeile sind Vorschläge für die Zählzeiten „1“ und „3“ eines 4 / 4 Taktes. Die Silben dazwischen müssen sinnvoll als Achtel und Sechzehntel ausgeführt werden.

Wir basteln einen Jesus-Stern

Alle sollen sehen, dass wir Kinder Gottes sind und von seiner Liebe angestrahlt werden. Als sichtbares Zeichen unserer Verbundenheit basteln wir einen Kometstern, der auf den Stern von Bethlehem und damit auf das Kommen unseres Erlösers hinweist. Dazu schneiden wir aus goldener Wellpappe einen Stern (den wir mit einer Plätzchenausstechform vorgestanzt haben) aus, auf den wir den Namen „Jesus“ schreiben. Dann schneiden wir einen gezackten Schweif aus, der an den Stern geklebt wird. Darauf schreiben wir an den äußeren Rand unseren Vornamen und davor die Worte „ist mit“. So ergibt sich der Satz „Jesus ist mit [Name des Kindes]“. Zuletzt wird auf die Rückseite des Sterns mit Heißkleber eine Anstecknadel befestigt, damit wir unseren „Jesus-Stern“ für alle sichtbar an unserer Jacke tragen können.

Mit Don Bosco Talente entdecken

Wir erfahren, wie es dem heiligen Don Bosco gelungen ist, wilde Straßenjungen für Jesus zu begeistern, und feiern zusammen ein Zirkusfest.

Der Heilige: Johannes Bosco, genannt: Don Bosco (1815–1888)
Namenstag: 31. Januar
Möglicher Anlass: Fasching, Zirkusfest
Werte: Herzlichkeit, Hoffnung, Vertrauen, Entscheidungsfähigkeit
Biblischer Impuls: *Trachtet zuerst nach dem Reich Gottes, dann wird Euch alles andere zufallen. (Mt 6,33)*

Don Bosco: Die Füße auf der Erde, das Herz im Himmel

Als Johannes Bosco 1841 als frisch geweihter Priester in die aufstrebende Industriestadt Turin kommt, ist ihm ein Leben, das von harter Arbeit und Armut geprägt ist, nicht fremd. Nachdem der Vater schon früh verstorben ist, zieht die Mutter ihn und seine beiden älteren Brüder alleine groß. Seinen Wunsch Lesen und Schreiben, gar Latein zu lernen, muss er oft genug im Streit gegen den Bruder durchsetzen, der auf seine Arbeitskraft auf dem Bauernhof nicht verzichten mag. Johannes ist ein temperamentvoller Junge, der sich der Kraft seiner Fäuste durchaus bewusst ist. Auch körperlich ist er sehr geschickt. Von durchziehenden Gauklern sieht er sich manchen artistischen Trick ab und begeistert mit kleinen Aufführungen die Dorfbevölkerung. Durch einen Traum fühlt er sich zum Priester berufen: Als er in seiner ihm vertrauten Weise in eine Rauferei „eingreifen" will, erscheint ihm Jesus, der ihm einen Weg zeigt, wie er die Jungen erreichen kann: „Nicht mit Schlägen, sondern mit Güte und Liebe wirst du sie gewinnen!" Diesen Weg beschreitet der einfache Bauernsohn mit Entschlossenheit und wird bereits nach kurzer Zeit in seinem Amt nicht nur zum Seelsorger vieler verwahrloster und verhaltensauffälliger Jugendlicher – den sozialen Verlierern –, sondern zum Reformpädagogen. Er gründet ein Jugendwerk: Mehr als eine Erziehungsinstitution ist es eine familiäre Gemeinschaft, die die ärgsten Nöte der Kinder und Jugendlichen wie Unterkunft, Betreuung, Bildung und Arbeitssuche lindert. Don Bosco ist der gütige Vater inmitten seiner Jungen – der Vater, den er selbst nie erleben durfte. Bevor der Priester die „Gute Nachricht" predigt, will er die Herzen der Jugendlichen erreichen, indem er viel Zeit mit ihnen verbringt. Er spielt mit ihnen Fußball, zeigt ihnen seine Zirkuskünste, spricht mit ihnen auf eine wertschätzende Weise und baut echte Freundschaften auf. Er drängt nicht mit Strafen auf Veränderung, weil er um den guten Kern – die wahren Talente – in jedem seiner Zöglinge weiß. Don Bosco wird zu einer ermutigenden Autorität, an dessen Handeln und Regeln sich die Jugendlichen ohne Angst orientieren können. Sie ergreifen dank seiner Begleitung zunehmend mehr Verantwortung für sich selbst und lernen gute Entscheidungen zu treffen. Don Boscos Arbeit an den Jugendlichen geht auch heute, rund 120 Jahre später, weiter: Noch immer gilt es den „Teufelskreis der Chancenlosigkeit“[3], der durch mangelnde Bildung, einem schlechten sozialen und ökonomischen Status und Beziehungslosigkeit oder -unfähigkeit zu durchbrechen. Das Don Bosco Werk widmet sich derzeit in etwa 130 Ländern mit fast 17.000 Salesianern und 16.000 Don Bosco Schwestern dieser wertvollen Aufgabe.

Wir inszenieren ein Don Bosco-Zirkusfest

Was wir brauchen:

- ca. 10 – 12 Tischtennisbälle, wasserfeste Stifte
- Bild / Foto eines traurigen Kindes
- für das Zirkusfest: Seile, Tücher, Jonglierbälle, Einrad, Witzebuch, ...
- eventuell großes Tuch als „Zirkuszelt“
- Kerze
- Liedvorlage „Wir müssen lernen zu lachen“ (z. B. „Troubadour für Gott“, Nr. 338)
- eventuell Essen und Trinken für ein kleines Picknick
- für die Jonglierbälle: Luftballone, feiner Sand

Wir nehmen uns genau in den Blick

Mit wem haben wir es in unserem Kreis eigentlich zu tun? Um uns bewusst auf unsere Gemeinschaft einzulassen, beginnen wir mit einem einfachen Wurfspiel. Dazu wird ein Tischtennisball von Kind zu Kind geworfen, allerdings erst, wenn Werfer und Fänger Augenkontakt aufnehmen und stumm Einverständnis über die bevorstehende Aktion signalisieren. Die Übung wird nach einigen Würfen intensiviert, indem immer wieder ein weiterer Ball in die Runde gegeben wird. Recht schnell merken die Kinder, dass man genau aufpassen muss, wer gemeint ist. Auch auf einen geschickten Ballwurf muss geachtet werden, da es sonst zu ungewollten Kollisionen der Bälle kommt. Die Flugbahn des Balles sollte mit den Augen verfolgt werden, besonders wenn mehrere Kinder gleichzeitig werfen. Unsere Übung entpuppt sich so als ein artistisches Kunststück. Wir sammeln die Bälle ein und erzählen den Kindern von einem Heiligen, der nicht nur gut jonglieren konnte: Don Bosco.

Wir erfahren etwas über Don Bosco

> *Traurig schloss Pfarrer Johannes Bosco –* Don *Bosco, wie man in Italien Priester nennt – die Kirchentüren hinter sich zu. Heute Abend waren wieder nur ein paar alte Frauen zur Messe gekommen. Dabei hatte er den ganzen Tag über der Predigt gebrütet und versucht, die richtigen Worte zu finden. Pah! „Trachtet zuerst nach dem Reich Gottes, dann wird Euch alles andere zufallen!" Was sollte das schon heißen. Don Bosco hatte sich so bemüht, seine Kirche zu einem kleinen Paradies zu machen, mit Gebet, Gesang und hoffnungsvollen Bibelworten. Und trotzdem hatten ihm die Leute nicht die Türen eingerannt. Aber man musste sich eigentlich nur umschauen in diesem ärmlichen Viertel Turins. Wieso sollten diese Menschen auch Hoffnung haben? Keine Arbeit, zerlumpte Kleidung und immer einen knurrenden Magen … Am schlimmsten ging es den Kindern und Jugendlichen. Don Bosco hatte sie beobachtet. Sie trieben sich den ganzen Tag auf der Straße herum. Weil niemand sie unterrichtet hatte, bekamen sie auch keine Lehrstelle … Manche hatten nicht einmal ein Zuhause mit Eltern, die sich um sie kümmerten. Oft dauerte es nicht lange und sie kamen auf dumme Gedanken, wurden Taschendiebe oder Schlimmeres sogar … Die Gefängnisse waren voll! Don Bosco war nachdenklich. Irgendwie musste ihnen doch geholfen werden?*

Wir legen in die Mitte unseres Kreises ein Bild eines traurigen Kindes und präzisieren die Frage.

Impulse:

- Was benötigen die Kinder?
- Wie kann ihnen geholfen werden?

Jede Antwort (Geld, Schule, Essen, Kleidung, Familie, ...) wird mit einem wasserfesten Stift auf einen Tischtennisball geschrieben und in die Mitte zu dem Bild gelegt.

Don Bosco zog ein paar Bälle hervor. Immer wenn er sich konzentrieren musste, fing er an zu jonglieren. Das hatte ihm schon oft geholfen. Als kleiner Junge hatte ihm ein Zirkusartist, der durch sein Dorf gezogen war, einige seiner Tricks gezeigt. In den folgenden Wochen und Monaten hatte Johannes jede freie Minute geübt und trotz manchen Misserfolgs nicht aufgegeben. Mit der Zeit wurde er immer geschickter und genoss schon bald die Anerkennung seiner Spielkameraden. Das Jonglieren hatte ihm viel mehr Selbstbewusstsein gegeben, als wenn er sich in einer Rauferei mit seinen Fäusten beweisen wollte. Jetzt flogen die Bälle im regelmäßigen Rhythmus durch die Luft und fielen ihm scheinbar wie von selbst in die offenen Hände. Don Bosco blinzelte in den Abendhimmel. Gelegentlich kreuzte ein bunter Ball auf seiner Flugbahn seinen Blick. Das Bibelwort seiner Predigt kam ihm wieder in den Sinn: „Trachtet zuerst nach dem Reich Gottes, dann wird euch alles andere zufallen!“ Plötzlich hatte er eine Idee, wie er die Kinder und Jugendlichen in der Stadt Turin einladen und ihnen helfen könnte.

Wir fragen die Kinder, was Don Bosco ihrer Meinung nach gemacht hat, um die Aufmerksamkeit und allmählich auch das Vertrauen der Jugendlichen zu gewinnen. Wir legen weitere Tischtennisbälle mit den Antworten dazu: Spielen, Jonglieren, Zaubertricks, Balancieren, ... Dabei erzählen wir, dass Don Bosco einfach Zeit mit den heimatlosen Kindern verbrachte. So fing für ihn das Reich Gottes an. Schon bald brachten die ersten ihre Freunde mit. Natürlich erzählte Don Bosco auch von seinem Glauben und feierte die heilige Messe mit ihnen. Jetzt hörten ihm die Jugendlichen gerne zu, weil sie wussten, dass Don Bosco sie verstand und sich wirklich für sie interessierte. Er unterrichtete sie, kümmerte sich darum, dass sie eine Lehrstelle oder Arbeit bekamen. Vor allem aber gründete er ein Heim, mit dem die Jungen ein Dach über den Kopf bekamen. Don Bosco war wie ein Vater oder großer Bruder für sie, durch den sie neuen Mut und Vertrauen in ihre Fähigkeiten fassen konnten.

Wir entdecken unsere Zirkustalente

Um auch unsere Talente zum Ausdruck zu bringen, inszenieren wir ein Zirkusfest. Dazu stellen wir den Kindern einfache, ihrem Alter entsprechende Materialien und Angebote zur Verfügung:

- Auf einem Seil am Boden balancieren
- Seilhüpfen
- Mit Tüchern oder Bällen jonglieren
- Einrad fahren
- Witze erzählen
- Hebefiguren / Standbilder, z. B. einfache Pyramiden, sich gegenseitig auf den Rücken nehmen, pantomimisch ein lustiges Denkmal darstellen, ...

Sicher kommen die Kinder auch auf eigene Ideen. Für die Pädagogen stellt dieser Abschnitt insofern eine Herausforderung dar, als sie sich ganz im Sinne Don Boscos auf eine Darstellung ihrer eigenen Geschicklichkeit einlassen sollten.
Abschließend werden die Kunststücke in einer „Manege“ aufgeführt, die entsprechend gestaltet wird – eventuell mit einem großen aufgespannten Tuch als Zirkuszelt. Dabei erleben die Kinder, dass sie aus ihrer oft mit Scheitern verknüpften Lebenswirklichkeit heraustreten können und sich in einer neuen Identität erproben dürfen. Sie können ihre eigenen Grenzen erweitern und auch das Gegenüber in einer anderen Rolle wahrnehmen. Außenseiter können durch improvisierte Handlungen automatisiertes Verhalten überwinden. Das Spiel ermöglicht dem Kind sein Selbstwertgefühl in einem geschützten Raum zum Ausdruck zu verhelfen.

Das große Finale

Wir beenden unsere Vorstellung mit viel Applaus und einem Dankgebet. Dazu stellen wir eine Kerze in die Mitte der Manege. Alle versammeln sich im Kreis und heben ihre geöffneten Hände in Kopfhöhe:

Gott, ich danke dir. Du hast mich so gemacht wie ich bin.
Ich kann so viele Sachen machen: spielen, lachen, singen, ...
Aber ich kann noch viel mehr lernen.
Ich kann einen Schatz in mir entdecken, weil du mich liebst.
Darüber bin ich froh. Das will ich nicht vergessen! Amen.

Das Lied: „Wir müssen lernen zu lachen“ (z. B. in „Troubadour für Gott“, Nr. 338) rundet die Namenstags-Talente-Feier ab. Nach der körperlichen Aktion stärken wir uns mit einem Picknick oder einer kleinen Brotzeit.

Wir stellen Jonglierbälle her

Damit jedes Kind seine ganz persönlichen Erinnerungs-Jonglierbälle (drei Stück) mitnehmen kann, wollen wir sie auf einfache Weise herstellen. Dazu nehmen wir einen Luftballon und füllen diesen mittels eines Trichters mit Sand, sodass eine Kugel in der Größe einer Kinderfaust entsteht. Nun verknoten wir den Luftballon und stülpen über den Knoten einen weiteren Luftballon. Dies erhöht die Stabilität. Auf die Jonglierbälle schreiben wir die „Werte“ Don Boscos: Fröhlichkeit, Gutes tun, Entscheidung (zum Lernen und Glauben an Gott).

Mit Josef Verantwortung übernehmen

Wir überlegen uns, wer in unserer Familie wofür verantwortlich ist und lernen den heiligen Josef als guten Vater kennen.

Der Heilige: Josef von Nazaret, (Zieh-)Vater Jesu
Namenstag: 19. März
Möglicher Anlass: am besten kurz nach Weihnachten, da auf die Geburt Jesu Bezug genommen wird; außerdem: 19. März oder Vatertag
Werte: Verantwortungsbewusstsein, Fürsorge, Demut
Biblischer Impuls: *Als Josef erwachte, tat er, was der Engel des Herrn ihm befohlen hatte. (Mt 1,24)*

Welche Rolle spielt Josef für seine Familie und für uns heute?

Da Jesus nackt und hilflos wie ein gewöhnlicher Sterblicher auf die Welt kommt, benötigt er Eltern, die seine elementaren menschlichen Bedürfnisse befriedigen. Maria stillt ihn, *wickelte ihn in Windeln und legte ihn in eine Krippe (Lk 2,7)*. Auch wenn Josef in den meisten Krippendarstellungen im Hintergrund steht, hat er einen wichtigen Beitrag geleistet: *Er nahm seine Frau zu sich (Mt 1,24)*, stand Maria als Einziger bei der Geburt zur Seite und nahm das Neugeborene wie sein eigenes Kind an, obwohl er ja nicht der leibliche Vater war. Warum hat er das getan? Handelt er als bloßes Werkzeug Gottes, der blindlings die ihm aufgetragenen Anweisungen ausführt? Matthäus schildert ihn als Mann von Charakter und Anstand, *der gerecht war und sie nicht bloßstellen wollte (Mt 1,19)*. Weil er Maria nach wie vor liebt und weil er Gott vertraut, überwindet er seine eigene Kränkung und tut das, was ihm aufgetragen wird, mit ganzem Herzen. Wie wichtig er für Maria und das Kind ist, zeigt sich auch nach der Geburt Jesu. Herodes möchte das Kind töten lassen, weil er es als Rivalen sieht. Wiederum ist es ein Engel, der Josef beauftragt mit seiner Familie nach Ägypten zu fliehen *(Mt 2,13)*. Mit Gottes Hilfe überstehen sie die lange Reise unbeschadet. Auch hier hat Josef sicher tatkräftig für die Mutter und das Kind gesorgt. Als Herodes' Schreckensherrschaft vorüber ist, erscheint ihm zum dritten Mal ein Engel des Herrn und fordert ihn auf, nach Israel zurückzukehren. *Und weil er im Traum einen Befehl erhalten hatte, zog er in das Gebiet von Galiläa und ließ sich in einer Stadt namens Nazaret nieder (Mt 2,22f)*. In Nazaret kann die Familie endlich frei von äußerer Bedrohung dem Alltag nachgehen. Josef übt seinen Beruf als Zimmermann aus und kümmert sich um die Erziehung des Knaben. Dass er ein liebevoller Vater war und Werte wie Verantwortungsbewusstsein und Fürsorge seinem Sohn vorgelebt hat, können wir nur vermuten. Wenn Jesus später seinen Jüngern Gott als liebenden und barmherzigen Vater vorstellt, greift er womöglich unbewusst auf seine guten Erfahrungen in der Kindheit zurück. Nur wer selbst Liebe am eigenen Leib erfahren hat, kann Liebe weiterschenken.

Josef war mehr als nur ein „Nährvater“ und Beschützer, er hat dem göttlichen Sohn die Liebe des Vaters geschenkt. Daher wird er bis heute in vielen Ländern verehrt. Er ist der Patron der Ehepaare, der christlichen Familien, der Kinder und seit 1870 der ganzen katholischen Kirche. In Bayern ist der Josefitag (19. März) zumindest in ländlichen Regionen noch fest verwurzelt.
In unserer Stunde lernen die Kinder den heiligen Josef als Vorbild kennen, der sich zu Frau und Kind bekennt, obwohl er dazu gar nicht verpflichtet gewesen wäre. Er übernimmt die Vaterstelle und damit die Verantwortung für das Kind. „Familie ist da, wo einer für andere Verantwortung übernimmt“ lautet die gängige Definition moderner Volksparteien, die den veränderten Familienstrukturen Rechnung trägt. Wenn sich Eltern trennen oder wenn sog. Patchworkfamilien entstehen, müssen Rollen neu besetzt bzw. Zuständigkeitsbereiche definiert werden. Auch wenn Josef auf den ersten Blick das traditionelle Rollenbild des Ernährers und Beschützers verkörpert, ist er als Adoptivvater erstaunlich modern. Kinder benötigen männliche Vorbildfiguren, an denen sie sich orientieren und auch reiben können. Starke, engagierte Väter sind heute wichtiger denn je. Die Geschichte von Josef zeigt uns, dass auch Ersatzväter oder Paten diese Modellfunktion übernehmen können. Damit die Familie ein Ort der Geborgenheit ist und bleibt, wo sich alle Mitglieder wohl fühlen können, müssen alle mithelfen. Auch Kinder können in der Familie Aufgaben übernehmen, was die Eltern entlastet und ihr eigenes Selbstbewusstsein stärkt. Wenn jeder uneigennützig und tatkräftig wie der heilige Josef anpackt, können mit Gottes Hilfe auch Krisen gemeistert werden.

Wie feiern wir unsere Josef-Stunde?

Was wir brauchen:

- Jesus-Stern aus der Auftaktstunde (s. S. 19)
- Krippenfiguren: Josef, Maria, Engel und Jesuskind
- helle Kerze
- schwarzes Tuch, Bauklötze
- Kunstdarstellung der „Flucht nach Ägypten“
- Kopftuch
- Kochlöffel
- Werkzeugkasten (mit Hobel)
- Korb mit folgenden „Symbolen“: Geldbeutel, Müllbeutel, gebügeltes Hemd, Schulheft, Putzlappen, Einkaufszettel, Katzenfutter, Brotzeitdose, Pflaster und Kuscheltier

Wir erinnern uns an Weihnachten

Wir beginnen unsere Stunde mit dem Namenstags-Rap. Diesmal weisen wir die Kinder auf den Beginn der 3. Strophe hin. Vielleicht hat ein Kind den Satz „Fürchte dich nicht“ schon einmal gehört. Ansonsten erklären wir, dass es sich um die Worte des Engels Gabriel an Maria handelt, mit denen er ihr die Geburt Jesu angekündigt hat. Wir stellen einen Engel und Maria (Krippenfiguren) in die Mitte. Anschließend legen wir ein Jesuskind dazu sowie den Kometstern, den wir vor Weihnachten gebastelt haben (vgl. Auftaktstunde). Die Kinder sollen mit eigenen Worten von der Geburt Jesu erzählen. Der Kometstern dient uns als Anlass, kurz auf die Sternsinger zu sprechen zu kommen. Wir fragen die Kinder, ob in der Mitte noch jemand fehlt bzw. wen Maria vermissen könnte. Wir stellen Josef ganz nahe zu Maria und dem Kind und führen den Begriff der „heiligen Familie“ ein. Wir entzünden eine helle Kerze als Zeichen für Gott, der diese Menschen zu einer Familie zusammengeführt hat.

Wir erfahren, wie Josef seine Familie beschützte

Dann hören wir die Geschichte von der Flucht und der Rückkehr aus Ägypten *(Mt 2,13–15 und 2,19–23)*, wobei wir den Kindermord in Bethlehem bewusst weglassen. Dass Herodes eine große Bedrohung für Jesus darstellt, veranschaulichen wir mit einem schwarzen Tuch, das wir an einer Seite ausbreiten. Während der Sprecher vorliest, bewegt ein „Spieler" die handelnden Figuren weg vom schwarzen Tuch in eine andere Ecke, in der eine Pyramide aus Bauklötzen Ägypten symbolisiert. Dort machen wir kurz Rast und überlegen uns, was die heilige Familie auf ihrem Weg erlebt haben könnte.

Impulse:

- Welchen Gefahren war die heilige Familie ausgesetzt?
- Mit welchen Problemen hatten Maria und Josef zu kämpfen?
- Welche Rolle spielt der Engel?
- Warum hält sich Josef ganz genau an die Befehle?
- Gibt es noch einen unsichtbaren Mitreisenden?

An der Stelle könnte man eine Darstellung von der heiligen Familie zeigen – „Die Flucht nach Ägypten" war ein sehr beliebtes Motiv bei den Malern. Für den beschwerlichen „Rückweg" stärken wir uns mit „Josefi-Kücherln", einem bayerischen Schmalzgebäck, das traditionellerweise am Josefitag verzehrt wird.

Rezept für Josefi-Kücherl

Zutaten: 30g Hefe, 100g Zucker, ¼ l Milch, 100g zerlassene Butter, 2 Eier, 1 Prise Salz, geriebene Zitronenschale, Butterschmalz oder pflanzliches Fett zum Ausbacken, Puderzucker

Und so geht's: Aus den Zutaten einen Hefeteig herstellen. Nach ca. einer Stunde Ruhezeit aus dem Teig kleine Küchlein formen z. B. in Form von Zimmermannswerkzeug (passend zum heiligen Josef) und in heißem Schmalz kurz ausbacken.

Die abgetropften Küchlein mit Puderzucker bestäuben und die Kinder raten lassen, was die einzelnen Formen bedeuten könnten.

Nachdem wir Maria, Josef und das Jesuskind wieder zurück in die Mitte nach Israel (aber nicht zu nahe an das schwarze Tuch) geholt haben, widmen wir uns dem Alltag in Nazaret.

Wir spielen „Vater-Mutter-Kind in Nazaret"

Dazu betrachten wir ein Bild, das den Alltag der heiligen Familie in Nazaret zeigt (s. Seite gegenüber)[4].

Die Kinder beschreiben mit eigenen Worten, welchen Aufgaben Josef und Maria nachgehen und was der kleine Jesus macht. Dass Josef Zimmermann war und dass Jesus dieses Handwerk von seinem „Nährvater" erlernt hat, erfahren sie nebenbei. An der Stelle bietet sich ein „Vater-Mutter-Kind-Spiel" an, das allen Kindern geläufig sein dürfte. Wer möchte, darf in die Rolle der Maria schlüpfen und bekommt dazu ein Kopftuch umgebunden und einen Kochlöffel in die Hand. Der „Josef" bekommt einen Werkzeugkasten (für Kinder), für den sich der kleine „Jesus" brennend interessiert. Die Kinder werden aufgefordert, eine kurze Szene zu improvisieren (Impuls: Jesus möchte ein gefährliches Werkzeug ausprobieren und löchert seinen Papa mit tausend Fragen. Maria unterbricht das Gespräch der Männer, weil das Essen fertig ist. Jesus möchte lieber „weiterwerkeln", als sich zu Tisch zu begeben). Wir erkennen auf die Weise, dass es auch im Alltag der heiligen Familie Konflikte gab und dass von den Eltern erzieherische Qualitäten gefordert waren.

Wir überlegen, wie die Aufgaben in unserer Familie verteilt sind

Diese Szene nehmen wir zum Anlass über die Aufgabenverteilung in unseren Familien nachzudenken. Zunächst legen wir den Kochlöffel zu Maria und den Hobel zu Josef, d.h. Maria war fürs Kochen zuständig, Josef für handwerkliche Arbeiten. (Impuls: Wie ist das bei euch Zuhause? Kocht euer Papa auch? Hat eure Mama schon mal etwas repariert?) Dieses Spiel setzen wir fort, indem jedes

Illustration: Martina Špinková

Kind in einen Korb greifen und einen Gegenstand hervorholen darf, der für eine bestimmte Tätigkeit steht. Wer an der Reihe ist, erläutert das Symbol und legt es an die seiner Meinung nach passende Stelle. Im Korb liegen ein Geldbeutel (Finanzen), ein Müllbeutel (Abfallentsorgung), ein frisch gebügeltes Hemd (Wäsche), ein Schulheft (Hausaufgaben), ein Wischtuch (Putzen), ein Einkaufszettel (Einkaufen), eine Dose Katzenfutter (Haustiere), eine Brotzeitdose (Pausenbrot), ein Pflaster (Erste Hilfe), ein Kuscheltier (Schmusen) etc. Im Gespräch überlegen wir, ob immer einer für eine Aufgabe allein zuständig sein muss oder ob wir uns in der Familie nicht auch abwechseln und gegenseitig entlasten können.

Impuls:
Welche Aufgaben könntest du regelmäßig / gelegentlich übernehmen?

Zum Abschluss der Stunde blicken wir noch einmal auf das schwarze Tuch und überlegen uns, was unsere Familie bedrohen könnte.

Impulse:
- Seht ihr Gefahren für eure Familie?
- Wovor habt ihr Angst?
- Können wir uns gegen die Gefahren wehren?

Wir bitten um Gottes Segen für unsere Familie
Wir merken schnell, dass wir nicht mit allen Gefahren allein fertig werden können. Deshalb bitten wir Gott um seinen Segen für unsere Familie:

Vater im Himmel, du hast mir eine Familie geschenkt, in der ich Geborgenheit und Fürsorge erleben darf.
Hilf uns, liebevoll miteinander umzugehen und auf die Bedürfnisse der anderen Rücksicht zu nehmen. Mach uns hellhörig für die großen und kleinen Nöte des Einzelnen, damit wir erkennen, was zu tun ist. Gib uns die Kraft zur Versöhnung und schenke uns ein gutes Wort im rechten Moment. Behüte uns vor Unheil und stärke uns im Glauben.

Zuletzt fragen wir die Kinder, welches „Bild" sie vom heiligen Josef mit nach Hause nehmen werden.

Impulse:
- Was gefällt euch beim Josef am meisten?
- Was hat Jesus wohl von ihm gelernt?
- Gibt es einen Josef oder eine Josefine in eurer Familie?

Wir verstehen jetzt, warum der heilige Josef u.a. der Patron der Kinder, der Ehepaare und der christlichen Familien ist. In Spanien wird am Josefstag, dem 19. März, auch gleichzeitig der Vatertag gefeiert.

Wir basteln eine schützende Hand
Als Zeichen für den fürsorglichen Vater, der in Gottes Auftrag das Kind ernährt und beschützt, schneiden wir eine helle Hand aus Tonpapier aus. Auf die Innenfläche schreiben wir „Josef" und malen in die Fingerkuppen Attribute, die den Josef charakterisieren wie beispielsweise Zimmermannswerkzeug, einen „Schutzschirm", ein Herz, einen Engel. Auf die Rückseite schreiben wir „Gott", d.h. Josef handelte im Auftrag Gottes und konnte deshalb zum Beschützer der Familie werden. So steht die Hand für die Liebe, die vom Vater kommt.

Mit Katharina auf die Stimme des Herzens hören

Wir erfahren, warum die heilige Katharina von Siena „Mama“ genannt wurde und wem ihre Sorge galt.

Die Heilige: Katharina von Siena (1347–1380)
Namenstag: 29. April
Möglicher Anlass: am besten im Frühjahr, rund um den Muttertag
Werte: Mütterlichkeit, Barmherzigkeit, Zivilcourage
Biblischer Impuls: *Alles, was ihr tut, geschehe in Liebe. (1 Kor 16,14)*

Wie wurde aus der kleinen Caterina Benincasa eine „Schutzheilige Europas“?

Am 15.10.1999 erklärte Papst Johannes Paul II. die italienische Dominikanerin, die als 24. Kind eines Wollfärbers in Siena im 14. Jahrhundert in einfachen Verhältnissen aufwuchs und erst spät Lesen und Schreiben lernte, zusammen mit Birgitta von Schweden und Edith Stein zur Patronin Europas. Katharina, die seit ihrer Kindheit göttliche Erscheinungen hatte, musste viele Kämpfe durchstehen, um ihr Ziel, die bedingungslose Nachfolge Christi, in die Tat umzusetzen. Gegen den Willen der Eltern setzte sie 1363 ihren Eintritt in den Dominikanerorden durch und nahm ihre Aufgabe als „Schwester von der Buße“ so ernst, dass sie neben Bewunderung auch bald Anstoß erregte. Unermüdlich pflegte sie Kranke und Sterbende, half den Armen und spendete Trost. 33 Jahre lang war sie von ihrem Herzenswunsch bestimmt: dem Dienst an den Mitmenschen – der Legende nach soll Jesus ihr sein eigenes Herz „eingepflanzt“ haben. Die Nonne zog immer mehr Männer und Frauen in ihren Bann, die sie liebevoll „Mama“ nannten. Könige und Fürsten suchten bei ihr Rat und den Papst konnte sie dazu bewegen, aus seinem Exil in Avignon nach Rom zurückzukehren. In ihren Briefen bezog sie mutig Stellung zum turbulenten Weltgeschehen (Stichwort: Abendländisches Schisma: drei verschiedene Päpste konkurrierten um den Anspruch, Papst zu sein) und kämpfte für die Einheit der Kirche. Theologischen Ruhm erwarb sich die Frau ohne jede Vorbildung mit ihrem berühmten Werk „Dialogus“, in dem die Zwiesprache ihrer menschlichen Seele mit Gott festgehalten wurde. Im Zentrum ihrer Überlegungen steht die würdige Nachfolge Christi, die im Zeichen der Taufe und des Opfertodes Jesu stehen muss und die nur innerhalb der Kirche gelingen kann. Noch auf dem Sterbebett bittet sie am 29. April 1380 mit ihren letzten Worten „Sangue, Sangue“ um die „nie versiegende Barmherzigkeit Gottes, die im wahrsten Sinn des Wortes verkörpert ist im Leben und Sterben des menschgewordenen Sohnes“[5]. Weil Katharina von Siena im Namen des Gekreuzigten Barmherzigkeit geübt und Frieden und Versöhnung praktiziert hat, ist sie als „Schutzengel der Kirche“ – so hat Papst Johannes

Paul II. sie genannt – nicht nur in ihrer Geburtsstadt Siena, sondern in ganz Europa bis zum heutigen Tage lebendig geblieben.

Wie nähern wir uns der heiligen Katharina von Siena?

Was wir brauchen:

- rotes Filzherz
- weißes Tuch pro Kind
- Gong / Klangschale
- weiße Taube aus Papier oder Holz
- Briefpapier, Briefumschläge
- kostbare Umschläge aus Seidenpapier
- Stifte
- Herzstempel, roter Siegellack / ein rotes Stempelkissen
- Liedvorlage „Komm, heilger Geist“ *(z. B. aus: Evangelisches Gesangbuch, Ausgabe Bayern / Thüringen, Nr. 564; Melodie nach dem Lied „Kommt herbei, singt dem Herrn (Ev. Gesangbuch 599 oder Gotteslob 270)*

Wir überlegen, warum Katharina „Mama“ genannt wurde

Um ihre Leistungen würdigen zu können, gehen wir zunächst auf ihren „Kosenamen“ ein. Dazu fragen wir die Kinder, in welchen Situationen sie „Mama“ rufen. Von unserer Mama erwarten wir Nahrung, Zuwendung, Stärkung etc., insbesondere wenn es uns nicht (so) gut geht. Die Liebe einer Mutter zu ihren Kindern wird durch ein rotes Filzherz symbolisiert, das wir herumgeben und zum Schluss in die Mitte legen. Dann erzählen wir den Kindern von Katharina von Siena:

In Italien lebte im 14. Jahrhundert eine Frau, die von vielen Leuten „Mama" gerufen wurde, obwohl sie selbst gar keine Kinder hatte. Als junge Frau hatte sie sich geweigert, den von den Eltern bestimmten Bräutigam zu heiraten. Ihr Bräutigam, den sie von ganzem Herzen liebte, war Jesus Christus. Ihm fühlte sie sich verbunden, seitdem er ihr am helllichten Tag mitten auf der Straße über der Kirche der Dominikaner erschienen war. Sie war fest davon überzeugt, dass er ihr zugelächelt und sie gesegnet hatte. Seit dieser Vision wusste Katharina, dass sie als Ordensschwester leben und die Liebe Christi unter den Menschen verbreiten wollte. Um ihre Eltern zu überzeugen, schnitt sie sich eigenhändig die Haare ab. Alle Strafen der Mutter, alle Hänseleien der Geschwister und auch die Narben der Pocken ertrug sie demütig. Mit 18 Jahren durfte Katharina endlich das weiße Gewand einer Dominikanerschwester vom Dritten Orden, anlegen. Von nun an konnte sie Kranke pflegen, Verzweifelte trösten und für das Heil ihrer Mitmenschen beten. Einmal schenkte sie einem Bettler sogar ihren Ordensmantel und rechtfertigte sich mit folgenden Worten: „Ich will mich lieber ohne Mantel als ohne Liebe finden lassen." Die Leute spürten, dass von dieser Frau eine besondere Ausstrahlung ausging.

Im Gespräch klären wir, wie sich Katharina den Ehrentitel „Mama" verdient hat. Die Kinder dürfen an der Stelle auch von eigenen guten Taten berichten. Dann überlegen wir uns, woher Katharina die Liebe genommen hat. Zunächst stieß ihr Verhalten auch in der eigenen Familie auf Ablehnung und Spott.
Mit älteren Kindern könnte man ein kleines „Streitgespräch" zwischen Katharina und ihrer Mama nachspielen, in dem die unterschiedlichen Argumente aufeinanderprallen. Im Zorn verbannt die Mutter ihre Tochter aus dem eigenen Zimmer und lässt sie als Magd schwer arbeiten, wie es Katharina von Siena passiert ist.

Wir bauen uns eine „innere Zelle“ – Gebetsmeditation

Da sie nun keinen Raum mehr in ihrem Elternhaus hatte, in dem sie in Ruhe beten konnte, baute sie sich in ihrer Fantasie eine „innere Zelle“, in die sie sich gerade in stürmischen Zeiten zurückzog und die sie auch ihrem Beichtvater Raimund im Brief 373 empfahl: „Doch die Zelle des Herzens, das wünsche ich sehr, sollt ihr immer bei Euch haben, sie mit Euch tragen. Ihr wisst, dass uns die Feinde nichts anhaben können, wenn wir im Inneren eine Klausurmauer haben.“[6] So eine „innere Zelle“ wollen wir uns im Rahmen einer kleinen Gebetsmeditation errichten, die frei nach Psalm 51 und nach Äußerungen Katharinas zusammengestellt wurde. Um uns besser auf unser Inneres konzentrieren zu können, bedecken wir unseren Kopf mit einem weißen Tuch. Dann machen wir uns auf die Suche nach unserer Seele. Zur Einstimmung schlägt ein Erwachsener einen Gong und spricht dann ganz langsam folgende Sätze, die natürlich beliebig variiert werden können.

Ich lausche auf die Schwingungen des Tones. Sie werden immer leiser und ruhiger. Auch ich werde immer ruhiger, alle Anspannung löst sich. Ich spüre, wie mich mein Körper trägt. Ich weiß, dass ich nicht falle, denn Gott trägt mich. Er schenkt mir die Luft zum Atmen. Ich fülle meine Lungen mit neuem Leben und atme tief ein und aus. Ich lege meine rechte Hand auf mein Herz. Es schlägt ruhig und gleichmäßig und versorgt alle Organe. Ich möchte mein Herz für Gott öffnen. Ich spüre, wie mich seine Kraft erfüllt und stärkt. Mit jedem Atemzug fließt seine Liebe in mein Herz. Mein Herz ist warm und lebendig. Ich weiß, dass Gott in meinem Herzen wohnt und mich nie im Stich lässt. Voll Vertrauen bete ich zu Gott:

Erschaffe mir ein reines Herz, Gott,
und schenke mir deinen heiligen Geist!
Befreie mich von meiner Schuld
und öffne meine Lippen,
um deinen Ruhm zu verkünden.

Lehre mich Weisheit und
gib mir die Kraft,
auf deine Stimme zu hören.
Alles vermag ich in Christus,
der in mir ist und mich stärkt mit seiner Liebe.

Mit einem zweiten Gongschlag lassen wir die Meditation langsam ausklingen. Hinterher dürfen die Kinder von ihren Gefühlen berichten. Da die Kinder das Gebet auch in schriftlicher Form bekommen, können sie es in „kritischen“ Situationen hervorholen.

Wie der Heilige Geist Katharina verwandelt hat

Anschließend legen wir die weißen Tücher im Kreis um das rote Herz in unserer Mitte. Sie stehen für die heilige Katharina, deren Name sich vom griechischen „kàtharos“ ableitet, was „rein“ bedeutet. Wir fragen die Kinder, was ihnen zur Farbe weiß noch einfällt. Dann legen wir eine weiße Taube auf die weißen Tücher. Die älteren Kinder wissen vielleicht schon, dass sie den Heiligen Geist symbolisiert. Findet die Stunde während eines Kinderbibeltages statt, singen wir an der Stelle das Lied „Komm, heilger Geist, mit deiner Kraft“ *(aus: Evangelisches Gesangbuch, Ausgabe Bayern / Thüringen, Nr. 564; Melodie nach dem Lied „Kommt herbei, singt dem Herrn (Ev. Gesangbuch 599 oder Gotteslob 270).* Was der Heilige Geist bei Katharina bewirkt hat, hören wir nun:

Katharina nutzte jede freie Minute, um zu beten. Im Gebet fühlte sie sich dem Herrn ganz nahe. Eines Tages hatte sie ein Erlebnis, das sie im Innersten traf: Als sie wieder einmal lange um ein reines Herz gebetet hatte, spürte sie plötzlich ein heftiges Pochen in ihrer Brust. Mit einem Schlag waren all ihre Ängste und Sorgen verflogen. Grenzenlose Liebe breitete sich in ihr aus. Am liebsten hätte sie die ganze Welt umarmt. Sie brannte darauf, mit ihren Mitmenschen diese Freude zu teilen. Als sie sich an die Brust griff, ertastete sie eine Narbe. Da wurde ihr klar, dass Jesus ihr sein eigenes Herz eingepflanzt hatte. Von dem Tag an gab sie sich nicht mehr damit zufrieden, Kranke in ihrer Umgebung zu pflegen. Sie fasste sich ein Herz und prangerte die Missstände in der Welt an. Angetrieben von der Kraft ihres „neuen" Herzens und beflügelt vom Heiligen Geist erhob sie ihre Stimme und redete den Mächtigen ihrer Zeit ins Gewissen. Bedeutende italienische Städte hatten sich damals vom Papst losgesagt, der schon seit Jahren im französischen Avignon weilte. In vielen Briefen ermunterte sie den Papst, nach Rom zurückzukehren und die Kirche von ihren schwarzen Schafen zu reinigen. Engagiert kämpfte sie für den äußeren und den inneren Frieden unter den Christen. Ihr Ruhm hatte sich schon so weit verbreitet, dass ihre Stimme Gehör fand. Der einfachen Frau aus dem Volk, die sich erst mit 20 Jahren das Lesen mühsam beigebracht hatte, gelang es, verfeindete Parteien mit der Macht des Wortes zu versöhnen und die Rückkehr des Papstes durchzusetzen. Obwohl sie die Weltgeschichte beeinflusst hat, blieb sie in Siena bis zuletzt die „carissima mamma", die Zeugnis abgelegt hat von der grenzenlosen göttlichen Liebe, die sie in ihrem Herzen trug.

Wir fassen uns wie Katharina ein Herz

Zuletzt wollen auch wir wie Katharina versuchen, die Welt mit kritischen Augen zu sehen. Auch in der heutigen Zeit gibt es viele schlimme Zustände und Übel, die benannt und bekämpft werden müssen. Um die Kinder nicht zu überfordern, betrachten wir zunächst unsere nähere Umgebung. Bestimmt können die Kinder Beispiele aufzählen von negativen Erlebnissen bzw. Entwicklungen in ihrer Stadt / Gemeinde, über die sie sich geärgert haben (z. B. den Ausbau einer Straße, die Schließung eines Spielplatzes, die Aufstellung eines Verbotschildes etc.) Das Beispiel von der heiligen Katharina kann uns in dem Zusammenhang lehren, dass wir uns einmischen und auf unsere Rechte bestehen dürfen. Zu dem Zweck verteilen wir an die älteren Kinder weißes Briefpapier, auf dem sie ihre Anliegen und Wünsche vorbringen können. Die Jüngeren bekommen natürlich entsprechende Hilfestellungen. Zum Schluss werden die Briefe in Umschläge gesteckt und entweder per Post oder im Rahmen einer Aktion persönlich dem Bürgermeister überreicht. Mit Kindergartenkindern spielen wir stattdessen „Stille Post" und flüstern unserem Nachbarn eine frohe Botschaft ins Ohr (z. B. „Gott macht mich stark." oder „Gott schenkt uns seinen Frieden.") Hinterher reichen wir uns zum Friedensgruß die Hände.

Wir bewahren das Gebet der Katharina auf

Damit sich alle auch später noch an die heilige Katharina von Siena erinnern, verteilen wir ihr Gebet. Die Kinder dürfen es falten und in einen weißen Seidenumschlag stecken. Die Großen können auf die Vorderseite des Umschlags ihren Namen und auf die Rückseite den Namen der Heiligen schreiben. Zuletzt versiegeln wir den Brief mit rotem Siegellack, auf den wir einen Herzstempel drücken. Alternativ kann der Herzstempel auch auf einem roten Stempelkissen befeuchtet und dann auf dem Umschlag „aufgedrückt" werden. Dieses rote Herz auf dem weißen Umschlag steht symbolisch für das Herz Jesu, das Katharina in sich schlagen fühlte und das sie zum Handeln animiert hat.

Mit Sophia philosophieren

Wir lernen, wofür die griechische Sophia steht,
was die römische Sophia geleistet hat und was die „kalte Sophie" ist.

Die Heilige: Sophia[7] – auch als Personifizierung der Weisheit
Namenstag: 15.5.: die jungfräuliche Sophia von Rom, 30.09.: die Witwe Sophia mit ihren Töchtern Fides, Caritas und Spes
Möglicher Anlass: Im Mai anlässlich der Eisheiligen
Werte: Weisheit, Standhaftigkeit, Glaube, Liebe, Hoffnung
Biblischer Impuls: *Die Weisheit von oben ist erstens heilig, sodann friedlich, freundlich, gehorsam, voll Erbarmen und reich an guten Früchten, sie ist unparteiisch, sie heuchelt nicht. Wo Frieden herrscht, wird (von Gott) für die Menschen, die Frieden stiften, die Saat der Gerechtigkeit ausgestreut. (Jakobusbrief 3,17f)*

Wir betrachten die Früchte der heiligen Sophia

Nicht nur Gärtner und Bauern fürchten den letzten „Abschiedsgruß" des Winters im Frühjahr rund um die „Eisheiligen" zwischen dem 12. und 15. Mai. Der Namenstag der heiligen Sophia – im Volksmund wird sie auch die „kalte Sophie" genannt – ist der endgültige Übergang in eine neue (Jahres-)Zeit, die vom vielfältigen Wachstum und von der offensichtlichen Fruchtbarkeit in der Natur erfüllt ist. Diesen Aspekt der prominenten Namenspatronin – „Sophie" ist gegenwärtig einer der beliebtesten weiblichen Vornamen – wollen wir in Verbindung mit der philosophischen Betrachtung der Sophia als Sucherin nach der Weisheit (Gottes) setzen – wie es die Bedeutung ihres Namens vorgibt. Nach dem Entwicklungspsychologen Fritz Oser versuchen Kinder tradierte religiöse Überlieferungen nicht einfach nur zu übernehmen, sondern zu einem für sie stimmigen, verinnerlichten Konstrukt zu machen. Dem Nachdenken über ihre Welt- und Glaubenssicht muss ein Denk-Raum eröffnet werden, in dem sie den eigenen Standpunkt aus unterschiedlichen Perspektiven betrachten bzw. betrachten lassen. Durch den respektvollen, dialogischen Austausch mit dem „Nächsten" wird logisches Wissen – oder das, was man schon weiß – überprüft, erweitert, korrigiert oder gefestigt. Dabei wächst Achtung vor der Haltung des Anderen: „Jetzt weiß ich, wie du darüber denkst!" Aber auch die eigene Überzeugung wird konkreter, zur inneren Gewissheit, zum Glauben. Dieser ist dabei nicht statisch, sondern lässt – im Kant'schen Sinne – neue (philosophische) Fragen zu: „Was kann ich wissen?", „Was soll ich tun?", „Was darf ich hoffen?", „Was ist der Mensch?"
Wissen geht weiter. Wissen wird Weisheit. Aus Weisheit erwächst die Gewissheit auch in Glaubensfragen.
Die heilige Sophia – als allegorische Gestalt der Weisheit, der mit der Hagia Sophia ein eindrucksvolles Denkmal gesetzt wurde – wurde nach altem christlichen Verständnis mit dem männlichen „Logos"-Prinzip verknüpft. Aus dieser fruchtbaren Verbindung sollen drei Töchter hervorgegangen sein, die die Namen „Glaube", „Liebe" und „Hoffnung" tragen. Auch sie sind als christliche Kardinaltugen-

den mehr Allegorien denn historisch verbürgte Personen, wenngleich sie in vielen europäischen Ländern wie Heilige verehrt werden. Die Legende berichtet zudem von der frühchristlichen Märtyrerin Sophia von Rom, die mit ihren drei Töchtern „Fides", „Caritas" und „Spes" unter Kaiser Diokletian hingerichtet wurde.

Wir philo-sophie-ren mit den Kindern

Was wir brauchen:

- 4 Farben Tonpapier, ausreichend für die Gruppengröße
- Scheren
- Lexikon, Lupe, Computer-Maus, Fernglas / Teleskop
- zerstoßene Eiswürfel
- ein Salatpflänzchen im Tontopf
- Seil / roter Wollfaden
- für jedes Kind ein Tontöpfchen und drei Bohnenkerne
- wasserfester Stift
- Speiseeis am Stiel

Ein Spiel vom „Wissen"

Um den Kindern die Vielfalt des Wissens, das in ihnen steckt, vor Augen zu führen, verteilen wir zu Beginn unserer Namenstagstunde an jeden ein Blatt buntes Tonpapier in einer unterschiedlichen Farbe. Dieses wird nun einmal längs und einmal quer gefaltet und auseinandergeschnitten, sodass wir vier Kärtchen erhalten. Die Kinder werden aufgefordert auf jedes Papier etwas zu schreiben oder zu malen, über das sie gut Bescheid wissen oder von dem sie ganz *sicher* wissen, dass es so ist. Erste Kenntnisse zu Lieblingsthemen wie Natur, Pferde, Fuß-

ball oder Technik sind dabei genauso möglich wie nachvollziehbare Aussagen über die eigene Person oder die konkreten Umstände: Ich habe braune Augen, ich bin 7 Jahre alt, wir sind hier in [Ortsangabe], heute ist der [Datum]...
Jetzt werden die Kinder aufgefordert, ihre Kärtchen so lange miteinander auszutauschen, bis sie alle Farben in der Hand halten. Dabei darf man ruhig neugierig sein und den anderen fragen, was er denn alles weiß. Wenn die Tauschaktion bedingt durch die Gruppen- / Klassenstärke nicht aufgeht (Teilbarkeit durch 4), können fehlende Kärtchen bei dem Pädagogen eingetauscht oder als ersten Einstieg in die Fragerunde genutzt werden (Impuls: Warum konnten nicht alle Kinder tauschen?). Im Gruppengespräch erkennen wir schnell: Es gibt gesichertes Wissen, das wir beweisen können, und Vermutungen oder Behauptungen, denen wir noch näher auf den Grund gehen müssen. Während wir unser „Wissen" diesen beiden Aspekten zuordnen und dabei die Kärtchen auf verschiedene Stapel legen, besprechen wir, wie man zu überprüfbarem Wissen gelangen kann. Die Antworten der Kinder unterstreichen wir, indem wir Forschungsgegenstände in die Mitte legen: Lexikon, Lupe, Computer-Maus und dem wichtigen Fragezeichen aus Tonkarton – denn alles Nachdenken über die Dinge beginnt mit einer Frage. Dabei dürfen wir auch unterschiedliche Betrachtungsweisen haben. Um dies zu unterstreichen, blicken wir durch ein Teleskop oder Fernglas – jeweils durch das eine und andere Ende. Oft gibt es nicht nur eine richtige Antwort.

Wir experimentieren mit der „kalten Sophie"

Manches Wissen ergibt sich aus langen Beobachtungen. Hier stellen wir anhand des Datums den Bezug zum Namenstag der heiligen Sophia her. Bauern und Gärtner wissen aus langjähriger Erfahrung, dass es Mitte Mai häufig noch einmal empfindlich kalt werden kann, sodass ihre jungen Pflanzen oder blühende Obstbäume besonders in klaren Nächten durch Frost Schaden nehmen können. An dieser Stelle machen wir mit den Kindern ein kleines Experiment. Wir bedecken eine junge Salatpflanze mit zerstoßenen Eiswürfeln und werden nach der Sophia-Stunde die Veränderung bemerken.

Wir lernen Wetterregeln kennen

Wenn der Kälteeinbruch vorüber ist, kommt der Sommer bestimmt. Daraus machten die Bauern eine Regel mit verschiedenen Reimsprüchen: „Vor Nachtfrost du nie sicher bist, bis Sophie vorüber ist", „Vor Bonifaz kein Sommer, nach der Sophie kein Frost", „Pflanze nie vor der Kalten Sophie", „Kalte Sophie wird sie genannt, denn oft kommt sie mit Kälte dahergerannt".
Die Bauern und Gärtner verhalten sich also schlau, wenn sie den Namenstag der heiligen Sophia abwarten.

Wir erfahren etwas über die heilige Sophia

An der Stelle erzählen wir den Kindern von der heiligen Sophie: Ihr Name bedeutet: „Weisheit". Sie lebte vor über tausend Jahren in Italien. Über ihr Leben ist nicht viel bekannt, aber sie muss eine Frau gewesen sein, die sich Fragen gestellt und die eine Antwort für sich gefunden hat, von der sie felsenfest überzeugt war:

Sophia kam vom Einkauf am Marktplatz zurück. Schon wieder hatten sich die alten Schwatzbasen zusammengestellt und über die Christen getuschelt. Immer mehr dieser „Spinner" schlossen sich zusammen und verehrten ihren gekreuzigten Gott! Sophia war verwirrt. Ein Gott, der sich kreuzigen lässt? Es wurde gemunkelt, dass er nach drei Tagen wieder lebendig geworden sei. Wie sollte das möglich sein? Wer tot war, der kam nicht wieder. Das hatte Sophia gemerkt, als ihre Oma gestorben war. Auch die Anhänger dieses Jesus schienen den Tod nicht zu fürchten, wurden sie doch von dem derzeitigen Kaiser in Rom verfolgt und getötet. Man hörte, dass sie bis zum letzten Augenblick sich ihres Glaubens sicher waren. Das machte doch keinen Sinn! Die Menschen mussten sich doch fürchten! Gab es da etwas, auf das sie hoffen konnten? Wussten sie etwas, das weder Sophia noch die Menschen, die sie kannte, herausgefunden hatten?
Sophia lief in ihre „Denk-Ecke", die sie sich in ihrer Kammer eingerichtet hatte. Für jede Frage, die in ihr brannte, machte sie einen Knoten in einen

Wollfaden, der neben ihrem Kissen lag. Manchmal griff der Vater oder die Mutter den Faden auf, wenn sie sie zu Bett brachten und sie sprachen über die Gedanken, die sich Sophia gemacht hatte. Nicht immer gab es eine Antwort. Oft entstanden nur noch mehr Fragen. Ihr Vater sagte oft zärtlich zu ihr: „Du bist meine kleine Philo-Sophia!" Das war griechisch und meinte jemanden, der ein Freund (philos) der Weisheit (sophia) ist ...

Wir knüpfen uns ein „Philosophen-Seil"

Auch wir wollen uns jetzt einen Denkraum einrichten und zu einer Philo-Sophia-Frage-Runde ermutigen. Dazu legen wir einen kleinen Wollfaden in die Mitte. Wer möchte, darf ihn aufnehmen und eine Frage oder einen Gedanken äußern und dabei ebenfalls einen Knoten in den Faden machen, der bei Beantwortung gelöst werden könnte. Dabei achten wir auf unser Miteinander:

- Über Fragen oder Meinungen darf nicht gelacht werden!
- Was meine ich eigentlich? Wie kann ich meine Meinung begründen?
- Ich darf auch weiterdenken, mit meinen Gedanken experimentieren: „Wie wäre es, wenn...".

Dem Pädagogen kommt die Aufgabe zu, die Gespräche durch Ermutigung, Impulse, Zusammenfassen und Nachfragen so zu moderieren, dass es zu einem intensiven Austausch der Kinder kommt.

Impulse:

- Wie meinst du das?
- Das ist ein wichtiger Gedanke – kannst du den noch genauer erklären?
- Habt ihr auch schon so gedacht? Ist das immer so?
- Könnt ihr den letzten Gedanken nochmal wiederholen / auf den Punkt bringen?

Sicherlich ist kein konkretes Ergebnis zu erwarten, der Ausgang des Gesprächs bleibt offen. Es geht an dieser Stelle darum, eine Grundhaltung der Nachdenklichkeit zu entwickeln, die verschiedene Perspektiven zulässt.
Dann kommen wir wieder auf Sophia zurück:

Wie ist es mit Sophia weitergegangen? Sie hat sich viele Gedanken gemacht – so wie ihr. Die Momente des Nachdenkens – allein oder mit ihren Eltern – waren wie erfrischende Wassertropfen auf den kleinen Wissenspflänzchen, die in ihrem Verstand wuchsen. Sie merkte, dass nicht alles erklärt werden konnte. Manche Dinge ließen sich einfach nur glauben. Manches konnte man nicht verstehen. Trotzdem war es besser danach zu handeln. Manchmal erschien Sophia die Welt so groß und gefährlich, dass sie sich nach jemandem sehnte, dem sie vertrauen konnte, auf den sie all ihre Sorgen und Ängste werfen konnte. Von dem sie wusste, dass er sie immer liebte, egal wie sie sich benahm und welche dunklen Seiten sie an sich hatte. Im Nachhinein konnte Sophia nicht mehr sagen, wann genau ihr Glaube an Jesus Christus begonnen hatte – er war in ihrem Leben zu der Antwort geworden, nach der sie immer gesucht hatte. Diese Gewissheit ließ sie sich von niemandem nehmen. So widersetzte sie sich standhaft den Drohungen der römischen Soldaten und ging für ihren Glauben zusammen mit anderen Christen in den Tod. Doch zuvor konnte sie ihre Überzeugung noch weitergeben: Ihre Töchter nannte sie Fides, das heißt „Glaube“, Caritas, „Liebe“ und Spes – „Hoffnung“. Das waren die Pflänzchen, die in ihr immer größer und stärker geworden waren: Der Glaube an Jesus, die Liebe zu ihm und die Hoffnung auf eine herrliche Zeit über den Tod hinaus.

Wir pflanzen „Kerne der Weisheit“

In Erinnerung an die heilige Sophia wollen wir unserem Wissen und dem Nachdenken darüber auch einen guten Boden bereiten. Dazu bieten wir den Kindern

an, ihre eigenen Pflänzchen „Glaube“, „Liebe“ und „Hoffnung“ auf sichtbare Weise wachsen zu lassen. Dazu malen die Kinder die Symbole für die drei christlichen Kardinaltugenden – ein Kreuz für den Glauben, ein Herz für die Liebe und einen Anker für die Hoffnung – auf Bohnenkerne und pflanzen diese in kleine Blumentöpfe mit Erde. Abschließend kontrollieren wir unser „Eisheiligen-Experiment“ und erinnern mit einer Bauernregel noch einmal an unser erworbenes gärtnerisches „Wissen“.
Als Verheißung auf – hoffentlich – schöne, warme Sommertage schlecken wir gemeinsam unser erstes Eis.

Mit Benedikt das Kloster-leben kennen lernen

Wir überlegen uns, warum der heilige Benedikt Regeln eingeführt hat und welche Regeln für unsere Gemeinschaft gelten.

Der Heilige: Benedikt von Nursia (um 480–547)
Namenstag: 11. Juli
Möglicher Anlass: am besten im Sommer mit anschließendem Klosterbesuch
Werte: Pflichtbewusstsein, Klugheit, Selbstdisziplin
Biblischer Impuls: *Herr, öffne mir die Lippen und mein Mund wird deinen Ruhm verkünden. (Ps 51,17)*

Benedikt lehrt uns den Wert der Regeln

Vater des Abendlandes, Schutzpatron von Europa – diese Titel drücken die große Verehrung aus, die Benedikt von Nursia seit Jahrhunderten entgegengebracht wird. Durch seine berühmte „Regel" hat er das christliche Ordensleben auf ein tragfähiges Fundament gestellt und damit die abendländische Zivilisation vorangebracht. Bis in die Neuzeit waren Klöster in Europa die Hochburgen der Kultur. Dort wurde nicht nur effizient und wegweisend gewirtschaftet, in den Klosterschulen wurden die antiken Schriften abgeschrieben, übersetzt und an die nachfolgenden Generationen weitergegeben.
Im Vordergrund stand und steht in einem Benediktinerkloster stets die Suche nach Gott, die sich nicht im Gebet allein erschöpft. Benedikt schreibt dazu im Prolog seiner Regel: „Nimm den Zuspruch des gütigen Vaters willig an und erfülle ihn durch die Tat." „Ora et labora" – Lobpreis Gottes (Ora) und Arbeit im Dienst der Gemeinschaft (Labora) bestimmen den Tagesrhythmus der Mönche und Nonnen. Stundengebete, feste Arbeitszeiten, gemeinsame Mahlzeiten, Besprechungen und Stillephasen wechseln sich harmonisch ab und geben dem Tag eine klare Struktur. Über die Einhaltung der Ordnung wacht der Abt, der seinen Mitbrüdern „mehr durch sein Leben als durch sein Reden" (Regel Kap. 2,12) ein gutes Vorbild sein soll.
Wer in ein Benediktinerkloster eintreten will, muss drei Gelübde ablegen: Er / Sie verpflichtet sich zu Gehorsam gegenüber dem Abt / der Äbtissin, zu Armut und Ehelosigkeit sowie zur Treue zu seinem / ihrem Heimatkloster.
Diese Bedingungen sollen keine Fesseln sein, sondern in der Selbstbeschränkung soll der Mensch frei von äußeren Zwängen werden, damit er Gott „mit fröhlichem Herzen" dienen kann.
Aus eigener Erfahrung wusste der heilige Benedikt, dass grenzenlose Freiheit ins Chaos mündet und dass ein gesundes Maß an Disziplin für eine funktionierende Gemeinschaft unerlässlich ist. Diese kluge Balance zwischen dem Seelenheil des Einzelnen und den Erfordernissen der Gemeinschaft macht den Erfolg sei-

nes Regelwerks aus. Werte wie Pflichtbewusstsein, Selbstdisziplin, Respekt im Umgang mit den Mitmenschen sind heute hochaktuell. Jeder, der sich beruflich mit Menschenführung befasst, kann von den Regeln der Benediktiner nur „profitieren".

Auch Kinder begreifen schnell, dass ein Leben ohne Spielregeln zu Frustrationen führt, weil die Gerechtigkeit auf der Strecke bleibt. Im Rollenspiel können sie konkret ausprobieren, wie Gemeinschaft funktionieren kann und welchen Halt Rituale und Strukturen dem Einzelnen bieten. „Mein Kind soll Regeln lernen" – diesem Wunsch vieler gestresster Eltern wollen wir nicht mit pädagogischen Ratschlägen nachkommen. Wir möchten uns vom Geist des heiligen Benedikt, der nicht zuletzt als Patron der Lehrer und Schulkinder gilt, inspirieren lassen, über die Notwendigkeit von Regeln nachzudenken.

Wir wandeln auf den Spuren Benedikts

Was wir brauchen:

- Brettspiel „Mensch ärgere dich nicht"
- eine Tabelle mit Verkehrszeichen bzw. Verbotsschildern
- Tafel und Kreide
- Glocke
- Bibel
- folgende Buchstaben auf Tonkarton gemalt: L, A, B, O, R, A, E, T
- schwarzer Leinen- bzw. Baumwollstoff
- Schere
- dicke Nadeln und Faden
- ein langer Strick / eine Kordel

Wir erfahren die Bedeutung des Namens „Benedikt“

Zu Beginn der Stunde wenden wir uns dem Namen unseres Heiligen zu. Der Name „Benedikt“ dürfte den meisten Kindern geläufig sein. Wir fragen uns, warum der deutsche Papst diesen Namen gewählt hat und weshalb dieser Vorname zumindest in katholischen Kreisen immer schon populär war. Bevor wir einen Teil aus der Lebensgeschichte des heiligen Benedikt von Nursia anhören, klären wir kurz die lateinische Bedeutung (Benedikt heißt „der Gesegnete“). Ältere Kinder haben vielleicht schon die Begriffe „Benedictus“ (als Teil der Messe) oder „gebenedeit“ (aus dem Ave Maria) gehört, die auch auf den Segen Gottes hinweisen.

Wir spielen „Mensch ärgere dich nicht“

Als Einstieg in das Thema spielen wir das bekannte Brettspiel „Mensch ärgere dich nicht“. Während sich die Kinder (hoffentlich) an die Spielregeln halten, übertreten wir diese ganz bewusst, indem wir beispielsweise mehr Schritte vorrücken als die Würfelaugen anzeigen, wahllos Mitspieler „hinauswerfen“ oder mehrmals würfeln. Durch die gezielten Regelverstöße provozieren wir den Unmut der Kinder bis hin zum vorzeitigen Ende des Spiels. Wenn sich die Gemüter beruhigt haben, wollen wir gemeinsam überlegen, warum Regeln notwendig sind und in welchen Bereichen des Lebens Regeln gelten. Dazu zeigen wir diverse Verkehrs- bzw. Verbotsschilder, Hausordnungen etc. Die Kinder lernen, dass Regeln für den „geregelten“ Ablauf des Alltags unerlässlich sind.

Wir erkennen, warum Benedikt feste Regeln eingeführt hat

Auch der heilige Benedikt hat darunter gelitten, dass Regeln nicht eingehalten wurden, und daraus seine Lehren gezogen. Dazu hören wir einen Ausschnitt aus seiner Lebensgeschichte. Zuvor erklären wir den Kindern die Bedeutung des Wortes „Mönch“: Ursprünglich handelte es sich um einen Einsiedler, der sich bewusst aus der Welt zurückgezogen hat, um ganz für seinen Glauben zu leben. Später schlossen sich mehrere Mönche zu Ordensgemeinschaften zusammen.

Lange hatte sich der Einsiedler bitten lassen, bis er seine Höhle in den italienischen Bergen verlassen hatte. „Endlich bist du zu uns gekommen, Bruder Benedikt!“, hatte ihn ein junger Mann an der Pforte begrüßt. „Ich werde dir gleich unser Kloster zeigen.“ Dann hatte er den Neuankömmling durch das heruntergekommene Gebäude geführt. „Das soll eure Kapelle sein?“, war es Benedikt herausgerutscht, als er einen Blick in den ehemaligen Taubenschlag geworfen hatte. „Unser Speisesaal sieht auch nicht besser aus, aber wenigstens gibt es jeden Tag ein warmes Essen.“
Nachdem Benedikt sein Bündel auf einem Matratzenlager verstaut hatte, begaben sich die beiden zum Essen. Im Speisesaal ging es schon hoch her: Einige grölten, andere schmatzten, wieder andere riefen sich derbe Witze zu. „Betet ihr denn gar nicht vor dem Essen?“, fragte Benedikt erstaunt. „Nein dafür haben wir keine Zeit, denn sobald die Schüsseln auf dem Tisch stehen, versucht jeder den besten Brocken zu ergattern. Bei uns musst du schnell zugreifen“, antwortete der junge Mann. Benedikt bekreuzigte sich, murmelte ein Tischgebet und griff dann erst nach dem Löffel. Als er hinterher sein Geschirr wegtragen wollte, wies ihn sein Begleiter zurecht. „Lass das stehen, darum kümmert sich der dumme Luca.“ „Nein, ich möchte es selbst tun. Wer kocht denn eigentlich bei euch?“ „Das erledigen Frauen aus dem Dorf. Du solltest mal die Tochter des Schmieds sehen, die ist wirklich hübsch!“ Der junge Mann schnalzte mit der Zunge. „Frauen haben in einem Männerkloster nichts zu suchen. Sie lenken euch nur vom Gottesdienst ab. Apropos: Wann beginnt denn die Abendmesse?“, fragte Benedikt streng. „Da muss ich dich leider enttäuschen. Nach dem Abendessen sind wir meistens müde vom Wein. Schau nur, Mario schnarcht schon unter seiner Bank. Aber du könntest noch mit Marco Karten spielen, wenn du willst?“ Benedikt schüttelte unwillig den Kopf. Er bereute jetzt schon, dass er in das Kloster gekommen war.
Am nächsten Morgen wollte er den Mönchen noch vor dem Frühstück die Leviten lesen. „Liebe Mitbrüder“, begann Benedikt seine Rede am nächs-

ten Tag. Da öffnete sich die Tür zum Speisesaal und ein Mönch huschte mit zerzausten Haaren an seinen Platz. „Liebe Mitbrüder", setzte Benedikt erneut an. „So kann es nicht weiter gehen, das ist euch hoffentlich selber klar. Wenn ihr wirklich Gottesmänner sein wollt, müsst ihr euer Leben grundlegend ändern. Ihr habt mich gebeten, euer Abt zu sein. Meine erste Aufgabe besteht darin, Regeln einzuführen, an die sich jeder halten muss." Erste Pfiffe hallten durch den Saal, von denen sich Benedikt nicht beeindrucken ließ.

Wir beenden an der Stelle die Lektüre und überlegen, was Benedikt im Kloster alles nicht gefallen hat. Gemeinsam versuchen wir Regeln für das Klosterleben aufzustellen und beispielsweise auf einer Tafel schriftlich festzuhalten. Stichpunkte wie „Gebetszeiten", „Tischregeln", „Umgangsformen", „Aufgabenverteilung" etc. sind uns dabei behilflich. Wir erklären, dass der heilige Benedikt all diese Punkte in seiner berühmten „Regel" angesprochen hat.

Wir beginnen unseren „Tag im Kloster"
Nun dürfen die Kinder in die Rolle der Mönche schlüpfen, um die Regeln in der Praxis zu erproben. Wir beginnen unseren „Tag im Kloster" mit einem Morgengebet, der sog. Laudes. Zuerst ertönt eine Glocke, woraufhin sich alle in einer Ecke des Raumes (am besten unter einem Kreuz) versammeln. Wir sprechen gemeinsam die Eröffnung, die noch heute in Benediktinerklöstern gebetet wird:
„Herr öffne meine Lippen, damit mein Mund dein Lob verkünde." (Ps 51,17)
Anschließend sprechen wir ein Morgengebet oder (falls mehr Zeit zur Verfügung steht) das sog. Benedictus (Lobgesang des Zacharias) aus dem Evangelium nach Lukas *(Lk 1,68–79)*.

Wir besuchen die Klosterschule
Dann begeben wir uns in die „Klosterschule", um ein paar Brocken Latein zu lernen. Dazu haben wir folgende Buchstaben aus Tonkarton vorbereitet: L, A, B,

O, R, A, E, T. Ältere Kinder, die schon in die Schule gehen, lesen die Buchstaben laut vor. Mit den Jüngeren fahren wir die Buchstaben mit dem Finger nach und sprechen die dazugehörigen Laute aus. Im Rahmen eines Bibeltages könnten die Kinder die Buchstaben auch selber ausschneiden und wie früher die Mönche kunstvoll verzieren. Vorher zeigen wir entsprechende Handschriften mit Initialen und verdeutlichen ihnen den Zusammenhang zwischen Bild und Schrift. Dann darf sich jedes Kind einen Buchstaben aussuchen. Zuerst fordern wir die Kinder mit den Buchstaben O, R, A auf sich nebeneinander hinzustellen und ihre Buchstaben in die Höhe zu halten. Wir lesen das lateinische Wort „ora“ laut vor und erklären, dass es „bete“ bedeutet. Dann stellen sich die Kinder mit den Buchstaben L, A, B davor und wir lesen die lateinische Befehlsform „labora“, was auf Deutsch „arbeite“ bedeutet. Je nachdem, ob die Dreiergruppen alleine stehen oder sich miteinander verbinden, entsteht eine neue Bedeutung. Für den heiligen Benedikt gehörten „Beten“ und „Arbeiten“ eng zusammen. Sein Motto „Ora et labora“ (Bete und arbeite) bestimmt auch heute noch den Alltag der Benediktiner. Abschließend fügen wir die Wörter / Buchstaben mit dem E und dem T zusammen.

Wir singen und arbeiten

Nachdem wir bereits gebetet und mit dem Kopf gearbeitet haben, sollen zuletzt noch die handwerklichen Tätigkeiten angesprochen werden, die für den heiligen Benedikt den gleichen Stellenwert wie die geistige Arbeit hatten. Wir kommen nochmals auf den Text zu sprechen und wiederholen, welche Arbeiten in dem Kloster von wem erledigt bzw. nicht erledigt wurden. Benedikt wollte, dass die Mönche von der Arbeit ihrer Hände lebten und nicht auf Hilfe von außen angewiesen waren. Aus dem Grund waren (und sind auch heute noch) im Kloster viele Fähigkeiten gefragt. In unserem Kloster müssen zunächst die Gebäude hergerichtet werden, was handwerkliches Geschick erfordert. Wir singen das bekannte Kinderlied „Wer will fleißige Handwerker sehn“ mit einem leicht veränderten Text. Dabei unterstreichen wir den Text mit entsprechenden Gesten.

Refrain: Wer will fleißige Handwerker sehn, ei, der muss ins Kloster gehn.
1. Stein auf Stein, die Kirche wird bald fertig sein.
2. Tauchet ein, ein Maler streicht die Wände fein.
3. O wie fein, ein Glaser setzt bunte Scheiben ein.
4. Zisch, zisch, zisch, ein Tischler hobelt glatt den Tisch.
5. Rühre fein, das Essen wird bald fertig sein.
6. Gieße aus, ein Garten schmückt das Gotteshaus.
7. Poch, poch, poch, ein Schuster schustert zu das Loch.
8. Stich, stich, stich, jetzt nähe ich ein Gewand für mich.

Zuletzt schneidern wird uns noch eine Kutte aus schwarzem Leinen- oder Baumwollstoff. Dazu schneiden wir eine Öffnung für den Hals aus dem gefalteten Tuch und säumen diese mit einfachen Stichen, was auch kleinere Kinder schon bewältigen dürften. Wer will, darf sich einen Buchstaben auf die Vorderseite kleben oder ein Kreuz darauf sticken. Dann schlüpfen wir hinein und gürten uns noch mit einem einfachen Strick. Nun sind wir gleichberechtigte Klosterbrüder und -schwestern und haben uns eine Stärkung redlich verdient.

Wir beten und essen

Die Glocke ruft uns zu einer gemeinsamen Mahlzeit. Selbstverständlich wird vorher ein Tischgebet gesprochen. Beim Essen bedienen wir unsere Tischnachbarn, verhalten uns möglichst gesittet und helfen beim Aufräumen mit.

Wir sprechen über unsere Regeln

Dann beenden wir unseren halben Tag im Kloster und sprechen in einem Stuhlkreis über unsere Erfahrungen. Wir fordern die Kinder auf über ihre Eindrücke zu sprechen.

Impulse:
- Hat euch die Zeit im Kloster gefallen?
- Könntet ihr euch vorstellen als Mönch / Nonne zu leben?
- Können wir etwas für unseren Alltag mitnehmen?

Wir überlegen gemeinsam, welche Regeln in unserer kleinen Gemeinschaft gelten sollen. Die Vorschläge der Kinder werden notiert und im Kindergarten, in der Schule oder im Elternhaus für alle sichtbar aufgehängt. Die größeren Kinder überlegen sich, wie sie ihre Zeit besser strukturieren können.

Impulse:
- Vergleicht euren Tagesablauf mit dem geregelten Leben im Kloster. Welchen Stellenwert haben gemeinsame Mahlzeiten oder Ruhephasen in eurem Alltag?
- Wie teilt ihr euch eure Arbeit ein?
- Wie bringt ihr euch in die Gemeinschaft ein?
- Seid ihr zufrieden mit eurem Platz in der Gemeinschaft?

Wir besuchen ein echtes Kloster

Die ideale Abrundung des Themas wäre natürlich der Besuch in einem Kloster. Dort können die Kinder einen echten Eindruck vom Ordensleben gewinnen und erahnen, was es bedeutet, die Nachfolge Christi ernst zu nehmen.

Mit Maria Magdalena wahre Freundschaft erleben

Wir reden über Freundschaft und Vertrauen und lernen die treueste Freundin Jesu kennen.

Die Heilige: Maria von Magdala, Jüngerin Jesu
Namenstag: 22. Juli
Möglicher Anlass: am besten um Ostern oder im Frühsommer
Werte: Treue, Beständigkeit, Zuverlässigkeit
Biblischer Impuls: *Ihr seid meine Freunde, wenn ihr tut, was ich euch auftrage. (Joh 15,14)*

Wer war Maria Magdalena wirklich?

Diese Frage beschäftigt seit Jahrhunderten Gelehrte und Laien gleichermaßen. War die schöne Frau aus dem Ort Magdala am See Gennesaret mehr als nur eine Jüngerin des Herrn? War sie die Schwester von Martha und Lazarus, der von den Toten auferweckt wurde? War sie auch jene Sünderin, die Jesus die Füße gesalbt und mit ihrem langen Haar getrocknet hat, woran die römisch-katholische Kirche seit der Auslegung durch Papst Gregor den Großen Jahrhunderte lange festgehalten hat? War sie eine Visionärin und Frau der ersten Stunde, deren Führungsanspruch von den Männern um Petrus und von späteren Kirchenvätern gezielt zurückgedrängt wurde? Maria Magdalena ist eine der faszinierendsten Frauengestalten der Bibel, deren Bild im Westen zwischen Sünderin und Heilige schwankt. In der Ostkirche wird Maria Magdalena als Myrrhenträgerin und als Apostelin verehrt. Ihre herausragende Stellung unter den Aposteln und ihre einzigartige Rolle bei der Auferstehung Jesu lässt sich durch die Evangelien belegen. Seitdem Jesus sie von einer Krankheit geheilt hatte, wusste sie, dass er der ersehnte Messias war. Sie unterstützte ihn nicht nur materiell, sondern schloss sich seinem Freundeskreis an und hielt ihm bis zuletzt die Treue. Im Gegensatz zu fast allen männlichen Aposteln begleitete sie ihn auf seinem letzten Gang, verharrte stundenlang unterm Kreuz, war bei der Kreuzabnahme dabei und eilte am Ostermorgen als erste zu seinem Grab. Jesus hat sie für ihren unerschütterlichen Glauben belohnt und ist ihr als erste nach seiner Auferstehung im Garten erschienen *(vgl. Joh 20,14–16)*. Er rief sie bei ihrem Namen und erteilte ihr den Auftrag, seine Auferstehung zu verkünden *(vgl. Joh 20,17)*. Maria Magdalena wurde somit vom Herrn persönlich auserwählt und für würdig befunden, die frohe Botschaft kundzutun. An der Verkündigung darf sie aktiv mitwirken, worauf sich feministische Theologinnen gerne berufen. Der Legende nach soll sie später auf dem Seeweg nach Südfrankreich gelangt sein, wo sie einige Jahre als Einsiedlerin gelebt hat. Ihre sterblichen Überreste wurden im 9. Jh. nach Vézelay überführt. Die romanische Basilika Sainte Madeleine ist bis heute ein beliebter Wallfahrtsort für die Patronin der Frauen.

Wie nähern wir uns der Maria Magdalena?

Was wir brauchen:
- Korb mit diversen Freundschaftsartikeln
- eine rote und eine weiße Kerze
- zwei Hände und eine Sprechblase aus Tonkarton
- (Papier)Geld, eine Uhr
- ein rotes Herz, ein kleines Kreuz, ein dunkles Tuch
- Jesuskerze, Teelichter oder mitgebrachte Taufkerzen
- für jedes Kind ein gekochtes Ei (alternativ: Styroporei)
- rote Wolle, Klebstoff

Zeichen der Freundschaft

Im Mittelpunkt unserer Stunde soll Maria Magdalena als vorbildliche Freundin und treue Gefährtin Jesu stehen. Zur Einstimmung in das Thema „Freundschaft" dürfen die Kinder in einen Korb greifen, der lauter „Freundschaftsartikel" wie Freundschaftsbändchen, Poesie- oder Schulfreundealben, Karten bzw. Tassen mit dem Aufdruck „Für meinen besten Freund" etc. enthält. Anhand dieser beliebten Geschenkartikel werden die Kinder aufgefordert, über die Bedeutung von Freundschaft generell nachzudenken und von ihren Freundschaften zu erzählen.

Impulse:
- Was schenkst du deinem besten Freund / deiner besten Freundin?
- Kann man anstelle von Sachen auch unsichtbare Dinge verschenken?

- Welche Eigenschaften zeichnen einen guten Freund / eine gute Freundin aus?
- Wann und wie hat deine wichtigste Freundschaft begonnen?
- Muss man Freundschaften pflegen?

Wir singen ein Lied über Maria Magdalena

Der Liedtext passt auf die Melodie des bekannten Volkslieds „Der Kuckuck und der Esel“. Jede Strophe wird durch eine symbolische Handlung unterstrichen.

1. *Maria Magdalena, aus Magdala am See, litt lang an einer Krankheit, der Kopf tat ihr so weh.*	Wir stellen eine rote Kerze als Symbol für Maria Magdalena auf die linke Seite.
2. *Sie hörte von dem Jesus, der zog durchs gelobte Land. Er heilte ihre Schmerzen, vertrieb sie mit der Hand.*	Wir entzünden auf der rechten Seite eine weiße Jesuskerze und legen eine Hand hin, die auf Maria weist.
3. *Da wusste Magdalena, dass er der Heiland ist. Jetzt wollte sie ihm helfen, dass er sie nie vergisst.*	Wir legen eine zweite Hand neben die rote Kerze, die auf Jesus zeigt
4. *Sie schenkte dem Messias ihr Geld und ihre Zeit. Mit ihm durch Palästina ziehn, dazu war sie bereit.*	Wir legen einen Geldschein und eine Uhr zwischen die beiden.

5.	*Die Jünger blickten neidisch auf diese schöne Frau. Sie lag dem Herrn am Herzen, das spürten sie genau.*	Wir legen ein rotes Herz neben die rote Kerze.
6.	*Von Pontius Pilatus hinauf nach Golgotha, als Jesus dann sein Kreuz trug, war Magdalena da.*	Wir legen ein kleines Kreuz in die Mitte.
7.	*Sie harrte unterm Kreuz aus bis zu der neunten Stund'. Als man den Toten abnahm, küsst' sie ihn auf den Mund.*	Wir schieben das rote Herz zur Jesuskerze und blasen diese aus.
8.	*Sie kam am Ostermorgen und fand das Grab so leer. Da klagte sie verzweifelt: „Wo ist denn jetzt mein Herr?"*	Wir entfernen die Jesuskerze.
9.	*Ein Mann erschien im Garten, sie hat ihn nicht erkannt. Als er sie fragte: „Wen suchst du?", hat sie den Herrn genannt.*	Wir stellen die Jesuskerze wieder hin.
10.	*Der Mann rief sie „Maria!", sie wandte sich ihm zu. Als sie die Stimme erkannte, ging sie gleich auf ihn zu.*	Wir legen eine Sprechblase in die Mitte.
11.	*„Rabbuni, Herr, mein Meister!" „Bitte, halte mich nicht fest! Geh zu den Brüdern und sage, dass Christus erstanden ist!"*	Wir entzünden die Jesuskerze.
12.	*Maria Magdalena, tat dieses nur zu gern. Sie verkündete die Botschaft vom auferstandenen Herrn.*	Wir entzünden die rote Kerze.

Symbole der Freundschaft

Hinterher sehen wir uns das Bild in der Mitte nochmals an und besprechen die einzelnen Symbole. Die Hand steht für konkrete Hilfe, das Geld für materielle Zuwendung, die Uhr für geschenkte Zeit, das Herz für den Ausdruck von Liebe, die Sprechblase für Kommunikation und die Kerzen für (neues) Leben. Auf diesen Säulen steht Freundschaft. Wichtig ist auch der Aspekt der Gegenseitigkeit, denn nach Kant ist Freundschaft „die Vereinigung zweier Personen durch gleiche wechselseitige Liebe und Achtung." Die Kinder dürfen an der Stelle in einer Erzählrunde ihre eigene Bereitschaft bzw. ihre Erwartungen artikulieren.

Impulse:

- Was würdest du für deinen besten Freund tun?
- Was erwartest du von deinem besten Freund?

Freunde in der Not

Wenn Menschen füreinander da sind, können auch dunkle Stunden bewältigt werden. Wahre Freunde sind sogar bereit, ihr Leben für den anderen hinzugeben, und können durch ihren Einsatz das Herz eines Tyrannen erweichen – das hat Friedrich Schiller besonders eindrucksvoll in seiner berühmten Ballade „Die Bürgschaft" vorgeführt. Auf einem Kinderbibeltag könnte dieses Gedicht näher untersucht werden, das ein Happy End in letzter Minute unter dem Zeichen des Kreuzes bietet.

Wir rufen uns beim Namen

Dass Freundschaft mit „blindem Vertrauen" zu tun hat und sich auf Worte stützt, machen wir uns in Form eines Spiels klar. Dazu wählt jedes Kind einen Freund bzw. eine vertraute Person als Partner aus. Nachdem dem einen die Augen verbunden worden sind, ruft der andere aus einiger Entfernung seinen Freund / seine Freundin beim Namen. Der Angesprochene muss sich allein auf die Stimme seines Freundes verlassen, der natürlich mehrmals rufen darf, bis die Freunde wieder vereint sind. Dabei erfahren wir auch, wie schön es ist, beim Namen gerufen zu werden. Für Maria Magdalena war die Erscheinung des Herrn nach der Kreuzigung wie eine zweite Geburt, weshalb wir ihre Kerze auch erst am Ende des Liedes entzünden.

Warum Jesus unser Freund ist

Gott hat uns in der Taufe seine Liebe und seine Freundschaft geschenkt. Jesus hat für uns den Zugang zum ewigen Leben frei gemacht. Daher bekennen wir uns zum Schluss in einem symbolischen Akt zu unserem Herrn. Wir zünden dazu der Reihe nach unsere Taufkerzen oder Teelichter an der Jesuskerze an, sprechen die Worte Maria Magdalenas nach („Rabbuni!“) und stellen unsere Kerzen im Kreis um die Jesuskerze auf. So erstrahlen wir im Glanz des Herrn und dürfen uns wie Maria Magdalena von ihm erleuchten lassen.

Wir verschenken rote Ostereier

Maria Magdalena wird auf einer byzantinischen Osterikone mit einem roten Ei in der Hand dargestellt. Das geht auf eine alte Überlieferung zurück, derzufolge sie dem Kaiser Tiberius den Beweis für die Auferstehung Jesu mit Hilfe eines Eis erbracht haben soll. Als Tiberius spottete, dass Jesus ebenso wenig von den Toten auferstanden sei, wie dieses weiße Ei sich rot färben könne, habe sich das Ei in Magdalenas Hand augenblicklich rot gefärbt. Bis heute tauschen griechisch-orthodoxe Christen nach der Ostermesse rote Ostereier aus. Als Zeichen für Maria Magdalenas Liebe zum Herrn umwickeln wir ein gekochtes Ei/Styroporei mit einem roten Wollfaden, der zusätzlich mit etwas Klebstoff fixiert wird. Dieses rote Osterei darf jedes Kind seinem besten Freund / seiner besten Freundin als Zeichen der Verbundenheit schenken.

Mit Christophorus Hindernisse überwinden

Wir überlegen uns, welche Aufgaben wir bewältigen müssen und wer uns dabei hilft, ans Ziel zu gelangen.

Der Heilige: Christophorus, Märtyrer und Nothelfer
Namenstag: 24. Juli
Möglicher Anlass: Urlaubsbeginn, Sommer, Geschicklichkeitsübung besonders in Integrationsgruppen – auch für jüngere Kinder geeignet
Werte: Durchhaltevermögen, Wertschätzung, Achtsamkeit
Biblischer Impuls: *Wirf deine Sorge auf den Herrn, er hält dich aufrecht! Er lässt den Gerechten niemals wanken. (Ps 55,23)*

Die Legende von Christophorus

Passend zur Urlaubs- und Ausflugszeit im Sommer feiert die Kirche das Fest des heiligen Christophorus, Patron der Reisenden, am 24. Juli. In der religiösen Tradition soll sein Abbild vor einem unvorhergesehenen, plötzlich eintretenden (Unfall-)Tod schützen. Daher führen viele Autofahrer eine Christophorusplakette im Auto mit sich. Auch auf Hausfassaden entlang Verkehrswegen ist seine Figur oft zu entdecken. Der heilige Christophorus ist zudem Schutzpatron der Kinder – besonders derer, die mit Beeinträchtigungen zu kämpfen haben. Kindergärten und sonderpädagogische Einrichtungen tragen gerne seinen Namen.

Der Legende nach wird Christophorus im 3. Jahrhundert mit körperlichen Missbildungen und unnatürlich groß geboren. Die Eltern geben ihm den Namen „Reprobus", was „der Verworfene" bedeutet. Er passt nicht in das Menschenbild seiner Zeit. Mangelnde Achtung und ständige Ausgrenzung machen Reprobus trotz aller äußeren Stärke unsicher. Er sucht nach einem Mächtigen, der keine Angst hat. Er möchte jemanden finden, der ihm Leitfigur ist und mit dem er sich identifizieren kann. Diesem möchte er dienen und seinem Leben so einen Zuordnung geben. Doch er findet dieses Vorbild weder in einem starken König dieser Welt noch in dem Fürsten der Unterwelt. Beide zeigen Furcht vor einem noch größeren Herren. Auf der weiteren Suche begegnet Reprobus einem Einsiedler. Dieser empfiehlt ihm die innere Einkehr mit Beten und Fasten. Doch dazu ist der starke Mann nicht in der Lage. Kann er auf jemanden hoffen, von dem er sich keine Vorstellung machen kann und der sich womöglich wieder als der Falsche entpuppt? Sich selbst mag er auch nicht begegnen, zu sehr hat ihn die fehlende Wertschätzung seiner Umwelt in seinem Selbstvertrauen verletzt. Reprobus will durch sichtbares Handeln in die Welt treten und Verantwortung übernehmen. Der Einsiedler hält den jungen Mann im buchstäblichen Sinn für tragfähig. Er gibt dem Hünen die Aufgabe, Menschen auf seinen Schultern über einen Fluss zu befördern.

Eines Tages nimmt Reprobus' Sinnsuche Gestalt an. Vor ihm steht ein kleines Kind und bittet, an das andere Ufer getragen zu werden. Dieses Mal wird die alltägliche Aufgabe zu einer Bewährungsprobe. Immer schwerer wird das Kind auf seinen Schultern. Es kommt ihm so vor, als ob er die Last der ganzen Welt trüge. Bis an die Grenzen seiner Belastbarkeit geführt, beweist er dennoch Durchhaltevermögen. Das Kind gibt sich als Jesus Christus zu erkennen: „Du hast den Schöpfer der Welt getragen!" Reprobus erhält einen neuen Namen, von nun an wird er „Christophorus" genannt, der „Christusträger". Als sichtbares Zeichen seiner neu entdeckten Identität schlägt der große Stab, den er zum Halt im Fluss brauchte, Wurzeln und Triebe in der Erde des Ufers.

Was hat uns der Heilige zu sagen?

In der Figur des Christophorus begegnen wir den Bürden des menschlichen Alltags. Den einen belasten seine körperlichen Defizite, der andere sucht nach seiner Aufgabe im Leben. Besonders Schicksalsschläge ziehen eine Lebensveränderung nach sich. „So kann es nicht weitergehen" – dieser Satz lässt einige von uns, wie es der Einsiedler in der Legende empfohlen hat, innehalten und nachdenken. Andere veranlasst er, bisherige Einstellungen auf ihre Tragfähigkeit hin zu überprüfen. Indem wir Maßstäbe für unsere Lebensgestaltung setzen, Werte definieren, machen wir auch eine Zielangabe. Christophorus stellt uns die Frage:
An wem orientieren wir uns? Wem können wir unser Leben anvertrauen?
Christophorus begegnet Christus in der Gestalt des Kindes, das sich so in seiner königlichen Würde nicht zu erkennen gibt. Die Aufgabe (für) jemanden (Sorge) zu tragen, erfordert Verantwortung und Achtsamkeit. Aus seinem eigenen Erleben kennt der riesenhafte Mann diese Werte nicht. Er ist auf der Suche nach einem „Du", an dem er sich mit seinem „Ich" wahrnehmen kann. Während er Jesus trägt, verspürt er den Leidensdruck des Lebens, der auf seinen Schultern ruht.

Dennoch entscheidet er sich durchzuhalten und einen neuen Standpunkt einzunehmen. Seine nachfolgende Taufe lässt den „Verworfenen“ zum „Erwählten“, einer *„neue[n] Kreatur in Christus Jesus“* werden *(2 Kor 5,17)*. Christophorus wird zurückgesandt an das gegenüberliegende Ufer, in sein altes Leben. Nun kann er seine Aufgabe entlastet annehmen. Seine Suche nach Werten hat in Christus Gehalt gefunden.

Wie gestalten wir unsere Christophorus-Stunde?

Was wir brauchen:

- mehrere Kissen, kleine Wasserwanne, blaues Tuch
- „wertvolle“ Gegenstände (Ei, Kerze, Kristall), Stofftier, Babypuppe
- „Memory“-Kärtchen mit Bildern von Verkehrsmitteln oder entsprechendes Spielzeug
- Globus oder Atlas
- Liedvorlage *„Befiehl du deine Wege“ (Evangelisches Gesangbuch, Nr. 361)*
- Picknickkorb mit Inhalt, Picknickdecken
- für alle Kinder ein größerer Ast als Wanderstab, dünne Zweige, grünes Tonpapier, Bast, Heißkleber, schwarzer Stift

Wir laufen durch einen Hindernisparcours

Kinder lieben es, ihre zunehmende Körperbeherrschung bzw. Geschicklichkeit beweisen zu dürfen. Wir lassen sie deshalb zum Anfang unserer Stunde einen vorbereiteten Hindernisparcours bewältigen: Sie klettern über einen Stuhl, balancieren über ein Brett, springen über einen Kissenhügel, kriechen unter einem Tisch durch. Zuletzt machen sie einen großen Schritt über ein Gefäß mit Wasser,

das auf einem blauen Tuch steht. Dieses Hindernis symbolisiert den Fluss, über den Christophorus das Jesuskind trägt.
Als nächste Schwierigkeit tragen die Kinder zerbrechliche und „kostbare“ Gegenstände durch den Parcours: ein Kristall, ein Ei, ein Stofftier, eine brennende Kerze, die Bibel.
Für die letzte Übung binden wir einem Kind den Arm an den Bauch und verdeutlichen so jedem Kind eine Form der körperlichen Einschränkung. Jetzt soll eine Babypuppe sicher über die Hindernisse transportiert werden. Anschließend bauen wir die Strecke wieder ab, nur das blaue Tuch und darauf die Schale mit Wasser bleiben in der Mitte stehen. Wir stellen unsere Gruppenkerze daneben. Die Kinder nehmen im Kreis Platz und gemeinsam reflektieren wir das Erlebte.

Impulse:
- Was war besonders schwierig für euch zu tragen?
- Wer durfte schon mal ein echtes Baby halten?
- Wie erging es euch, als ihr nur einen Arm zur Verfügung hattet?
- Gibt es jemanden, den ihr kennt, der eine Behinderung hat?
- Kann jemand, der eine Behinderung hat eine (schwierige) Aufgabe übernehmen?

Wir hören von Christophorus und sprechen über das Reisen

Vor vielen Jahren lebte in Kleinasien ein junger Mann namens Reprobus. Schon an seinem Namen konnte man erkennen, dass er nicht richtig zu den Menschen dazugehören durfte: Er war riesengroß zur Welt gekommen und sah sehr ungewöhnlich aus. Manche hatten Angst vor ihm und sagten, sein Kopf sähe aus wie ein Hund!
Als Reprobus Arbeit suchte, wollte ihm niemand eine geben: „Du vertreibst uns ja die Kunden!“, sagten die Kaufleute. „Mit deinen riesigen Händen

und Füßen machst du mir die junge Saat kaputt", sagte der Bauer. „Du passt nicht in unsere Werkstatt", sagte der Zimmermann. Traurig ging Reprobus fort. „Ich suche mir den mächtigsten König, der sich von niemandem zu fürchten braucht, weil alle ihn fürchten! Dem werde ich dienen!" Doch wohin er auch ging, immer hatten Könige, Fürsten oder einfaches Volk Angst vor Reprobus und schickten ihn fort.

Eines Tages kam er zu einer einfachen Hütte an einem breiten Fluss. Hier wohnte ein alter Mann, der ihn freundlich begrüßte. „Hast du denn gar keine Angst vor mir?", fragte Reprobus verwundert. „Warum sollte ich? Mein Herr, dem ich diene, ist doch der mächtigste König. Er beschützt mich!" „Diesem König möchte ich auch begegnen!", rief der Riese freudig. „So warte hier am Fluss und trage die Reisenden über die Fluten. Eines Tages kommt der König zu dir!"

Reprobus wartete geduldig Tag für Tag. Die Menschen ließen sich nach einigem Zögern doch von ihm durch das Wasser tragen. Dank seiner riesenhaften Gestalt wurden sie nicht nass. Um sich gegen die Strömung abzustützen, machte er sich einen Stab aus einem jungen Baum. Seine Aufgabe bereitete ihm Freude, schließlich war er jung und stark. Endlich konnte er arbeiten!

Eines Morgens stand ein kleines Kind vor dem Mann. „Trage mich über das Wasser, Reprobus!" Der Riese nahm das Kind mit Leichtigkeit auf seine Schulter und schickte sich an, den Fluss zu überqueren. Doch mit jedem Schritt wurde für ihn die Bürde schwerer und schwerer. Der Junge lastete mit einem unerträglichen Gewicht auf ihm, er drohte gar im Wasser zu versinken. Mühsam schleppte er sich an Land und setzte das Kind ab. „Mir ist, als ob ich nicht dich, sondern die ganze Welt auf den Schultern getragen hätte!" keuchte Reprobus. „Du hast sogar den König des Himmels und der Erde getragen! Ich bin Jesus Christus!" Da kniete sich Reprobus vor Jesus nieder und rief: „So will ich dir, dem mächtigsten Herrn, hinfort dienen!" Jesus taufte ihn sogleich im Namen des Vaters und des Sohnes und des Heiligen Geistes und sprach: „Du sollst von nun an Christusträger heißen: Christophorus! Geh nun zurück an das gegenüberliegende Ufer, zu deiner Arbeit." Christophorus gehorchte. Als er sich umdrehte, war von Jesus nichts mehr zu sehen. Da dachte er schon, er habe alles nur geträumt. Als er aber auf den Stab in seiner Hand sah, bemerkte er, dass aus dem dürren Holz frische Zweige und Blätter sprossen. Jetzt konnte sich Christophorus an seinen neuen Namen und sein neues Leben unter der Herrschaft von Jesus Christus erinnern. Auch wenn er nicht zu sehen war, trug er ihn doch in seinem Herzen.

Nun besprechen wir die Geschichte und bemerken, dass Reisende früher oft zu Fuß unterwegs waren und sich über einen Fluss tragen lassen mussten. Heute brauchen wir keinen Riesen mehr, um gefahrlos über einen Fluss oder ein Meer zu kommen. Wir können auf die modernen Verkehrsmittel zurückgreifen, die von den Kindern benannt werden und mittels kleiner Symbole („Memory"-Kärtchen, Spielzeug) auf das blaue Tuch gelegt werden. Da bald die Urlaubszeit beginnt, dürfen sie von ihren Reisezielen erzählen. Dazu stellen wir einen Globus oder legen eine Welt- oder Europakarte in die Mitte. Gemeinsam fahren wir mit dem Finger die Reiserouten nach. Wir überlegen uns, worauf man bei einer Reise oder einem Ausflug acht geben muss: Beim Radfahren brauchen wir einen Helm, bei einer Autofahrt einen Autositz, am Flughafen oder am Bahnhof muss man die Hand der Eltern nehmen, um nicht verloren zu gehen. So passen unsere Eltern auf uns auf, weil wir ihnen so wertvoll sind. Wenn Reprobus Christus über den Fluss trägt, dann hat er seine Aufgabe gut gemacht – er passt auf das ihm anvertraute Kind auf.

Wenn wir Jesus mit uns tragen, werden wir selbst zu Christusträgern. Christus ist immer bei uns. Mit ihm können wir unser Leben bewältigen und auch durchhalten, wenn es einmal schwer für uns wird. Diese Zusage hat er uns, wie Christophorus, in der Taufe gegeben, auch wir haben einen „neuen" Namen.
Nun kann ich selbst auf „Jesus in mir" Acht geben und ihn bitten, uns auf allen unseren Wegen zu beschützen.

Christophorus gibt auf Jesus Acht.
Das ist nicht immer leicht. Auch du kennst Situationen, in denen du gar nicht gerne Verantwortung übernimmst, z. B. wenn du auf die kleine Schwester aufpassen sollst oder noch mit dem Hund spazieren gehen musst.
Am liebsten würde man sich dann aus dem Staub machen ...
Jesus hilft Christophorus. Auch wenn es für ihn schwer wird und er sich entscheiden muss, durchzuhalten – Er schafft es!
Danach ist Christophorus richtig stolz!
Kennst du das auch? Vorher hast du dir gar nicht zugetraut, den Weg zu deinem Freund, zur Schule oder zum Einkaufen allein zu gehen ...

Wir beten und singen

Wir danken Gott mit einem Gebet nach Psalm 55,23, dass er uns hilft, unsere Aufgaben zu bewältigen:

Lieber Gott, du bist immer bei mir.
Ich lege alle meine Wege und Pläne in deine Hand und vertraue dir, wenn ich mir Sorgen machen will. Ich kann so vieles, weil du mir hilfst. Du passt auf, dass mir nichts passiert, denn du hältst mich fest an der Hand. Du lässt mich nicht wanken! Ich will dich immer treu in meinem Herzen tragen.
Amen.

Das Gebet wird Satz für Satz langsam wiederholt, sodass alle Kinder mitsprechen können.

Nun singen wir die erste Strophe des Kirchenliedes „Befiehl du deine Wege“ von Paul Gerhard, zunächst in einer für die Kinder leicht verständlichen Version, anschließend, mit entsprechendem Hinweis, in der „alten“ Sprache. *(Originallied in: Evangelisches Gesangbuch, Ausgabe Bayern / Thüringen, Nr. 361)*

Ich lege meine Wege und was mir Sorgen macht
in Gottes gute Hände bei Tag und auch bei Nacht.
Der Wolken, Luft und Winden gibt Wege, Lauf und Bahn,
der wird auch Wege finden, da mein Fuß gehen kann.

Das Originallied:

Befiehl du deine Wege und was dein Herze kränkt
Der allertreusten Pflege des, der den Himmel lenkt.
Der Wolken, Luft und Winden gibt Wege, Lauf und Bahn,
der wird auch Wege finden, da dein Fuß gehen kann.

Rast / Picknick

Wer auf Reisen geht, muss auch eine Rast einlegen. Wir breiten eine oder mehrere Decken auf dem Boden aus und holen unseren Reiseproviant aus einem mitgebrachten Picknickkorb.

Wir wollen wie Christophorus Jesus tragen

Dazu basteln wir einen Wanderstab. Es werden trockene, gerade Äste oben mit kleinen Papierblättern beklebt. Die Länge des Astes sollte so sein, dass das obere Ende nicht angefasst werden muss, ähnlich einem Bischofstab. Für eine Verbindung zwischen Stab und Blätter kleben wir kleine Zweigstücke auf das Papier und befestigen diese mit Heißkleber (nur die Erwachsenen!) an den Wanderstöcken. Zuletzt können die Klebestellen mit braunem oder grünem Bast umwickelt werden. Auf einem der Papierblättchen steht der Merkvers aus Psalm 55,23: *Wirf deine Sorge auf den Herrn, er hält dich aufrecht! Er lässt den Gerechten niemals wanken.*

Tipp für Kinderbibeltage

Im Rahmen eines Kinderbibeltages kann das Sammeln der Stöcke mit einer Wanderung verbunden werden. Auch ein Picknick im Freien ist für die Kinder ein besonderes Erlebnis. Einige Papierblättchen können je nach den Urlaubsreiseländern der Kinder auch in den Farben der Nationalflaggen gestaltet werden.

Mit Teresa ein Glaubensbuch schreiben

Wir überlegen uns, wie wir für unsere Ziele einstehen können und das Gespräch mit Gott Bestandteil unseres Lebens werden kann.

Die Heilige: Teresa von Avila (1515–1582)
Namenstag: 15. Oktober
Möglicher Anlass: Besinnungstag, Kinderbibeltag, Erstkommunionvorbereitung
Werte: Zielstrebigkeit, Entschlossenheit, Freundschaft
Biblischer Impuls: *Herr, zeige uns den Vater, das genügt uns. (Joh 14,8)*

Der Wahrhaftigkeit auf der Spur

Schon eine Episode aus der Kindheit der heiligen Teresa von Avila macht ihre Zielstrebigkeit deutlich. Beeindruckt von der Lektüre von Heiligengeschichten, bricht sie als Achtjährige zusammen mit ihrem wenig älteren Bruder zu einem persönlichen „Kreuzzug“ gegen die „feindlichen Mauren“ auf, um den Märtyrertod zu erleiden. Glücklicherweise werden sie vom Onkel vor den Stadtmauern wieder eingefangen. Auch der zweite Anlauf der Kinder ein heiliges Leben als Einsiedler zu führen scheitert, als die schlichten Behausungen, die sie im Garten der Eltern bauen, zusammenbrechen.
Teresa, geboren 1515, wächst in einem gebildeten und religiösen Haus auf. Auf einen frommen, weltabgewandten Lebenswandel wird in ihrer Familie großen Wert gelegt. Erst Teresas Großvater väterlicherseits war vom Judentum zum katholischen Glauben konvertiert. Für die Minderheit der so genannten „conversos“ hing die Zugehörigkeit zu dem neuen christlichen Bekenntnis mit ihrer Ehre und gesellschaftlichem Stand zusammen. Es galt zu beweisen, dass man – im Schatten der Inquisition – nicht nur ein „Scheinchrist“ war. Obwohl sich Teresa mit einer „felsenfesten Entschlossenheit“ auf einen geistlichen Weg einlässt, ist sie auch ein lebenslustiges, geistreiches Mädchen, das durchaus offen für altersgemäße Zerstreuungen ist. Ihr Vater schickt sie aus dem inzwischen mutterlos gewordenen Haushalt in ein Kloster, wo nach und nach ihr Wunsch reift, selber Nonne zu werden.
Dieser Entschluss ist allerdings nicht so entsagungsvoll, wie man annehmen könnte. In dem Karmelitinnenkloster, in das Teresa eintritt, leben etwa 180 Schwestern, teilweise aus besseren gesellschaftlichen Kreisen, mit ihren Dienerinnen in großzügigen Räumlichkeiten. Schon bald merkt Teresa: Es geht um alles oder nichts. Mit der Erfüllung religiöser Pflichten ist sie nicht zufrieden. Vielmehr möchte sie sich ganz ihrer inneren Sehnsucht nach einer kompromisslosen Nachfolge hingeben, und fühlt sich doch durch ihr Menschsein immer wieder abgelenkt.

Fast zwanzig Jahre leidet Teresa unter dieser Zerrissenheit. Den Wendepunkt erlebt sie bei der Betrachtung eines Schmerzensbildes Christi. Seine völlige, leidenschaftliche Liebe bis in den Tod gibt ihr die Antwort, nach der sie gesucht hat und auf die sie in ihrer temperamentvollen Weise reagiert: Sie wird zu Teresa de Jesús – ganz die Seinige. Ihre Beziehung zu Jesus wird wie die zu einem Freund, mehr noch, zu einem Geliebten, mit dem sie sich in ihrer Seele zum innigen Gespräch trifft. Nach diesen intensiven Begegnungen fließen ihr die Worte nur so aus der Feder. Sie will ihre Erkenntnis an ihre Mitschwestern weitergeben – und löst mit ihrer Radikalität auf dem Weg nach Vollkommenheit in ihrem kirchlichen Umfeld Befremden aus, wird gar als Bedrohung gesehen. Dennoch lässt sie sich nicht beirren und kehrt in ihren Bestrebungen, den Karmeliterorden zu reformieren zu den ursprünglichen Regeln zurück: Der äußerliche Rückzug aus der Welt als Zeichen der Wahrhaftigkeit in der Nachfolge, der kontemplativen Begegnung mit Gott. So entstehen im Laufe ihres Lebens zahlreiche Reformklöster – die „Unbeschuhten Karmeliter / Karmelitinnen“. Darüber hinaus zählen ihre Gedanken, die sie in geistliche Schriften und Gedichte kleidet, zur Weltliteratur. Schon wenige Jahre nach ihrem Tod wird Teresa heilig gesprochen und 1970 zur Kirchenlehrerin erhoben. Ihr Mut zur Ehrlichkeit, ihr wacher Blick für die menschliche Natur, ihre humorvolle Selbstkritik und ihre glaubwürdige, herzliche Liebe zu Gott machen sie zu einer „menschlichen Heiligen“.
Teresa ist die Patronin von Spanien und der spanischen Schriftsteller. Der religiösen Tradition zufolge wird sie in geistlichen Nöten, bei Herz- und Kopfleiden angerufen. In der Kunst wird sie daher gerne mit einem Buch oder einem Herz mit Inschrift IHS dargestellt.

Wie gestalten wir unsere Teresa-Stunde?

Was wir brauchen:
- Flasche, Handcreme, Joghurt mit Löffel
- braunes / dunkles Tuch, Bild des gekreuzigten Jesus oder Pietà-Darstellung (trauernde Maria mit Jesus)
- für jedes Kind ein kleines, leeres Notizbüchlein oder Heft in DIN A6, bunte Stifte, Schmucksteinchen und -bänder, Glitzerfolie, rotes Tonpapier, Schere und Kleber

Wir spielen „Wahrheit oder Pflicht“
Mit dem Spiel „Wahrheit oder Pflicht“ sollen die Kinder erleben, wie unangenehm es sein kann, wenn man gute Werke nicht aus freien Stücken leistet. In den Kreis der Kinder wird eine Flasche gelegt und gedreht. Entscheidet sich das Kind, auf das die Flasche zeigt, für „Wahrheit“, muss es eine ehrliche, vielleicht sogar für ihn unangenehme Antwort geben. Wählt das Kind dagegen „Pflicht“, muss es eine für sich herausfordernde Aufgabe bewältigen.

Fragen zur „Wahrheit“:
- Gehst du manchmal in die Kirche?
- Bohrst du mit dem Finger in der Nase?
- Hast du schon mal abgeschrieben?
- Hast du schon mal heimlich ferngesehen?

Aufgaben für „Pflicht“:
- Creme deinem rechten Nachbarn die Hände ein!
- Nimm deinen linken Nachbarn an die Hand und laufe mit ihm einmal um den Kreis.
- Füttere jemanden aus der Gruppe mit dem Löffel mit Joghurt.
- Sage deinem Freund, was du gut an ihm findest.

Nachdem wir das Spiel einige Minuten gespielt haben, dürfen die Kinder ihre Eindrücke beim Spiel schildern.

Wir hören Teresas Geschichte

Nun hören wir die Geschichte der Teresa von Avila, die sich zunächst mit Pflichtbewusstsein und Wahrheitsstreben bemüht hat, eine gute Nonne zu sein, bis sie ein ganz besonderes Erlebnis hatte ...

> *Teresa sitzt in der Kirche. Es ist noch früh am Morgen. Sie betet wie die anderen Nonnen auch. Alles ist ganz still. Ihre Augen sind geschlossen. Aber sie kann sich nicht richtig konzentrieren. Die Bank, auf der sie sitzt, ist so hart. Sie hört die Vögel draußen zwitschern. Ein Sonnenstrahl kitzelt sie an der Nase. Ihr Magen knurrt. Sie hat noch nicht gefrühstückt. Teresa reißt sich zusammen und beginnt leise ein weiteres Vaterunser zu sprechen. Schließlich will sie eine gute Nonne sein! Aber schon nach dem dritten Satz denkt sie wieder an den Streit mit Schwester Eleonara gestern Abend. Teresa öffnet die Augen und seufzt. Ihre Blicke fallen auf die Bilder in der Kirche. Ganz oft hat sie diese schon betrachtet. Verwundert bemerkt sie in der Ecke ein Gemälde von Jesus, das sonst nicht dort steht.*

Jetzt legen wir ein Bild des gekreuzigten Jesus oder einer Pietà-Darstellung (die trauernde Maria mit ihrem Sohn auf ihrem Schoß) in die Mitte und verweilen einen Moment in Stille.

> *Das Bild zeigt den Sohn Gottes mit seinen vielen Wunden, die man ihm in seiner Kreuzigung zugefügt hat. Teresa ist plötzlich furchtbar traurig. Wie kann man ihrem Herrn so weh tun! Teresa wirft sich auf den Boden und weint. Jetzt versteht sie erst richtig, was Jesus für die Menschen getan hat. Ganz freiwillig ist er für uns alle gestorben, um uns seine Liebe zu zeigen. Eine große Kraft wächst in Teresas Herzen. Sie betet voller Hingabe. Es macht ihr gar keine Mühe mehr. Sie redet mit Jesus wie mit einem Freund.*

Gemeinsam spüren wir der Veränderung in Teresas Gebet nach.

Impulse:
- Wie hat sie vorher gebetet?
- Was könnte sie nun Jesus sagen?
- Wann beten wir?
- Welche Worte gebrauchen wir?

Die Kinder erkennen, dass unser Gebet oft nur von der Fürbitte geprägt ist, d. h. aus einer Angst oder Not heraus entsteht. Vielleicht beten wir gemeinsam vor dem Essen in der Familie, am Abend vor dem Zubettgehen oder am Sonntag in der Kirche das vertraute Vaterunser. Wenn wir uns aber wie Teresa auf den Weg des Gespräches mit Gott einlassen, dann können wir ihm immer alles sagen: Was wir gut finden, was uns ärgert. Wir lassen Jesus an unserem Leben teilhaben.

Teresa sagt in ihren Büchern: „Man kann sich mit dir, Gott, einfach über alles unterhalten!“ Sie spricht mit ihm beim Kochen. Sie lobt ihn für die Bienen und Schmetterlinge, wenn sie spazieren geht. Immer inniger wird ihre Beziehung zu ihrem Herrn, sie sehnt sich nach der Begegnung mit ihm. Eines Tages muss sie nicht mal mehr Worte finden. Sie wartet in der Kirche auf seine Stimme. Sie wird ganz ruhig. Da antwortet ihr Gott in ihrem Herzen. Jetzt ist er wirklich der Wichtigste in ihrem Leben! Sie betet: Ich brauche keine Angst mehr zu haben. Was soll mich schon erschrecken. Gott ist immer bei mir – egal, wie ich mich fühle. Er verändert sich nicht. Ich warte voller Geduld auf sein Reden. Wenn ich merke, dass er zu meinem Herzen spricht, dann bin ich so glücklich, dass ich mir nichts Schöneres vorstellen kann. Gott allein genügt mir!

Wir reisen in unser Inneres (meditative Fantasiereise)

Dieses Gebet hat Teresa kurz vor ihrem Tod aufgeschrieben. Teresa ermutigt uns, dieses aufrichtige Gespräch mit Gott zu lernen.
Dazu setzen wir uns bequem, aber aufrecht auf unseren Platz. Wir machen bewusst ein Kreuzzeichen und schließen die Augen. Einige Minuten atmen wir ganz ruhig einfach nur ein und aus. Teresa sagt: „Die Zeit, die ich Gott schenke, gehört ihm!“ Wir spüren, dass wir ganz hier sind, mit unseren Füßen, mit unseren Händen, mit unserem Körper, auch mit unseren Gedanken, die wir gerade im Kopf haben. Es macht auch nichts, wenn wir uns ein bisschen müde fühlen. Jetzt stellen wir uns vor, dass wir eine Kirche betreten. Wir öffnen das große Eingangstor. Was uns beschäftigt oder Sorgen macht, lassen wir jetzt draußen. Vor uns wartet Gott. Wie stellen wir ihn uns vor? Wie möchten wir ihn ansprechen? Über diesen Gedanken verweilen wir einen Moment. Die Kinder dürfen die Augen öffnen. Wer möchte, darf seine Anrede für Gott den anderen mitteilen. Wem nichts eingefallen ist, der bekommt eine Anregung von der heiligen Teresa: Sie hat ihn beispielsweise „Majestät“ oder „König“ genannt.

Wir gestalten ein Glaubensbuch

Jetzt erhält jedes der Kinder ein leeres Büchlein oder ein kleines Schulheft (DIN A6). Zunächst dürfen sie ihre individuelle Anrede Gottes in das Buch schreiben oder malen, je nach Alter oder Fähigkeiten der Kinder – mehr aber noch nicht. Das innere Zwiegespräch soll ganz persönlich, alleine zu Hause stattfinden. Anregungen werden den Kindern mit auf den Weg gegeben.

Impulse:

- Male eine biblische Geschichte, die dir besonders gefällt.
- Klebe eine schöne Blume in das Buch, für die du Gott danken willst.
- Schreibe deinen Ärger über einen Freund oder Bruder / Schwester auf.
- Du kannst Gott in diesem Heft auch einen Brief schreiben!

Anschließend verzieren wir den Buchdeckel mit einem kunstvoll gestalteten Herz. Dazu verwenden wir Glitzerfolie oder -kleber, Pailletten oder Schmucksteinchen. Der Fantasie der Kinder sind dabei keine Grenzen gesetzt. Damit greifen wir auf die Tradition der kostbaren Schmuckeinbände der Bibelausgaben zurück. Dies können wir den Kindern durch Beispiele aus der Kunstgeschichte zeigen.

Wir lernen Teresas berühmtes Gebet kennen

Wenn das Büchlein entsprechend „vorbereitet“ ist, schenken wir den Kindern Teresas kostbarstes Gebet zum Einkleben. Es ist ihr Vermächtnis an uns und wir sprechen es gemeinsam:

Nichts soll dich ängstigen,
Nichts dich erschrecken,
Alles vergeht –
Gott ändert sich nicht.

Geduld erreicht alles.
Wer Gott besitzt,
dem mangelt nichts.
Gott allein genügt.

Nachdem wir in einer zunehmend multikulturellen Gesellschaft leben, integrieren wir mit dem spanischen Originalgebet auch Kinder mit Deutsch als Zweitsprache, wenn alle Kinder die Erfahrung im Nachsprechen der Fremdsprache machen:

Nada te turbe
Nada te espante,
Todo se pasa.
Dios no se muda.

La paciencia todo lo alcanza.
Quien a Dios tiene
Nada le falta.
Sólo Dios basta.

Die spanische Originalversion kann eventuell auf einem besonderen Papier ausgedruckt werden.[10]

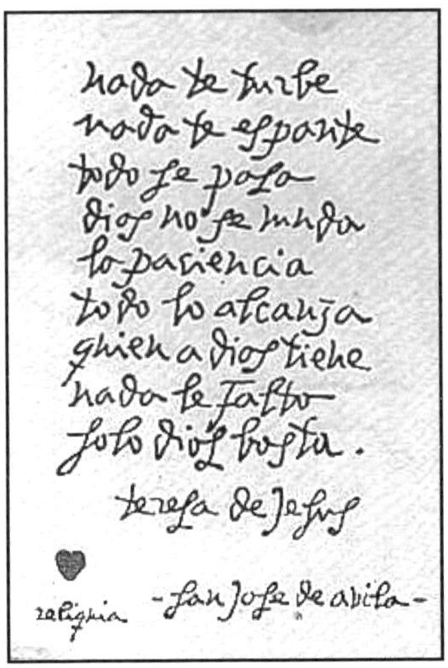
nada te turbe
nada te espante
todo se pasa
dios no se muda
la paciencia
todo lo alcanza
quien a dios tiene
nada le falta
solo dios basta.
teresa de jesus
reliquia -san jose de avila-

Wer möchte kann das Gebet auch in der Fassung der Communauté de Taizé singen:

Nada te turbe

T: Teresa von Avila M: Communaute Taizé

Mit Leonhard die Ketten abwerfen

Wir hören, wie der heilige Leonhard leidenden Kreaturen geholfen hat und überlegen uns, wie wir mit kranken Menschen und Tieren umgehen.

Der Heilige: Leonhard von Noblat (um 500 – um550)
Namenstag: 6. November
Möglicher Anlass: rund um den Leonharditag im November
Werte: Freiheitsliebe, Gerechtigkeitssinn, Hilfsbereitschaft
Biblischer Impuls: *Zur Freiheit hat uns Christus befreit. Bleibt daher fest und lasst euch nicht von neuem das Joch der Knechtschaft auferlegen. (Gal 5,1)*

Was fesselt uns am heiligen Leonhard?

Die Bedeutung Leonhards steckt schon in seinem Namen: Er ist einerseits stark wie ein Löwe (Leonhard leitet sich ab vom Althochdeutschen: „löwenkühn“) und er kann andererseits mit Fesseln umgehen (im französischen „Liénard“ steckt das Wort „lien“ = Fessel). Der fränkische Adelssprössling aus dem 6. Jh., der am Hof König Chlodwigs aufwuchs, von Erzbischof Remigius getauft und zum Priester geweiht wurde, unterhielt gute Beziehungen zu den Mächtigen seiner Zeit. Diesen Einfluss nutzte er nicht für sich, sondern für seine Mitmenschen, denen ein hartes Schicksal beschieden war. Besonders am Herzen lag ihm das Los der Strafgefangenen. Auf seine Fürsprache hin wurden viele zu Unrecht Verhaftete vom König begnadigt. Weil Leonhard ihnen im wahrsten Sinne des Wortes die Ketten abgenommen hat, wird er oft mit Ketten in der Hand dargestellt. Der Patron der Gefangenen strebte nicht nach Macht – das Amt des Bischofs lehnte er ab –, sondern er wollte lieber als frommer Einsiedler leben. Die Menschen in der Nähe von Limoges merkten bald, dass der tatkräftige Mann auch über medizinische Kenntnisse verfügte. Davon profitierte eines Tages auch die schwangere Königin, der Leonhard zur Geburt eines gesunden Knaben verhalf. Als Lohn erbat er sich vom König ein Stück Wald, das so groß war, wie er in einer Nacht auf einem Esel umreiten konnte. Dort gründete er zusammen mit entlassenen Strafgefangenen, denen er eine neue Chance geben wollte, ein Kloster, das bis heute den Namen St-Léonard-de-Noblat trägt. Leonhard kümmerte sich auch um kranke Tiere, insbesondere um Pferde. Daher wird er seit Jahrhunderten von den Bauern als Patron der Pferde und des Viehs verehrt. Da sich früher viele Bauern den Tierarzt nicht leisten konnten, wandten sie sich in Notfällen an den heiligen Leonhard. Die zahlreichen wundersamen Heilungen, die man ihm zuschrieb, machten ihn in Süddeutschland so populär, dass er als „Bauernherrgott“ bzw. „bayerischer Herrgott“ bis heute eine Sonderstellung unter den vierzehn Nothelfern einnimmt. Am „Leonharditag“, dem 6. November, finden in vielen Orten Bayerns Jahr für Jahr Leonhardifahrten oder Leonhardi-Ritte statt, auf denen die Pferde und ihre Begleiter gesegnet werden.

Wir lassen uns vom heiligen Leonhard befreien

Was wir brauchen:

- Fotos und Bilder von Pferden
- „Pippi Langstrumpf – Pippi geht an Bord“ von Astrid Lindgren
- Bilder vom hl. Leonhard / Votivtafeln aus dem Internet
- ein Hufeisen
- ein dunkles Tuch
- Eisenketten / Fahrradschlösser / Spielzeug-Handschellen
- weißes Papier
- „Votivtafeln“ in Hufeisenform zum Bemalen
- Stifte

Pferde sind nicht nur schöne Tiere

Zu Beginn der Stunde betrachten wir Fotos oder Bilder von Pferden, z.B. von Franz Marc. Pferdebegeisterte Mädchen oder Jungen dürfen von ihren Erlebnissen mit Pferden berichten und ihr Wissen über diese Tiere kundtun. Wir erklären, dass Pferde früher als Arbeitstiere gehalten wurden und in der Land- und Forstwirtschaft wichtige Aufgaben leisteten, die heute größtenteils von Maschinen ausgeführt werden, wie z.B. das Pflügen der Felder, das Transportieren von Holzstämmen und Menschen etc. Da die Bauern früher auf die Arbeitskraft der Pferde angewiesen waren, hing auch ihr Wohlergehen vom Gesundheitszustand der Tiere ab.

Wir hören eine Geschichte von Pippi Langstrumpf

Dass die Menschen dennoch nicht immer gut mit ihren Tieren umgegangen sind, erfahren wir beispielsweise von Astrid Lindgren. Wir lesen einen Ausschnitt aus dem Kapitel „Pippi macht einen Schulausflug mit“ aus dem Kinderbuch „Pippi geht an Bord“. Darin begegnet die Schulklasse von Thomas und Annika einem wütenden Mann, der sein Pferd mit der Peitsche schlägt, weil es den Wagen mit den schweren Säcken nicht aus dem Graben ziehen kann. Pippi greift auf ihre Art ein, indem sie den Mann zur Strafe in die Luft wirft, seine Peitsche zerbricht und ihm hinterher die Säcke zum Tragen auf die Schultern lädt. Das Pferd dagegen trägt sie eigenhändig in den Stall zurück. Unter dem Jubel der Lehrerin und der Kinder verkündet sie eine Botschaft, die auch dem heiligen Leonhard gefallen hätte: „Man soll gut sein zu Tieren. Und zu Menschen natürlich auch."

Wir lernen den heiligen Leonhard kennen

Die Kinder dürfen über ihren Umgang mit Tieren berichten.

Impulse:

- Wer kümmert sich bei euch um die Haustiere?
- Habt ihr schon einmal einem Tier das Leben gerettet?
- Seid ihr zu allen Tieren nett?

Anschließend kommen wir auf den heiligen Leonhard zu sprechen, der sich auf vorbildliche Weise um kranke Menschen und Tiere gekümmert hat. Besonders schön lässt sich sein segensreiches Wirken anhand von Votivtafeln oder Bildern nacherzählen, wie sie auf den Leonhardiwagen (und auch im Internet) zu finden sind. Wir lassen ein Hufeisen herumgeben und erklären, dass noch heute Landwirte über der Stalltür ein Hufeisen anbringen, weil sie sich davon den Schutz des heiligen Leonhard erhoffen.

Wir befreien uns aus der Gefangenschaft

Dann setzen wir uns im Kreis auf ein dunkles Tuch. Ein Erwachsener „fesselt" jeden mit einer Eisenkette oder mit „Handschellen". Wir können jetzt erahnen, wie hilflos und eingesperrt sich die Strafgefangenen gefühlt haben. Auch wenn uns dieses Schicksal hoffentlich erspart bleibt, kennt jeder von uns Gefühle der Be-

klemmung und der „inneren Gefangenschaft“. Wir überlegen uns, was uns persönlich einengt und aus welchen Notsituationen wir vielleicht ohne fremde Hilfe nicht herauskommen können. Dann darf jeder seine „Fessel“ sprengen, indem er seine persönliche Not / Angst ausspricht. Die anderen antworten darauf mit einem Kyrie-Ruf, der auch gesungen werden kann. (z. B. „Herr, ich habe große Angst vor Prüfungen.“ Alle: „Herr, erbarme dich.“) Im Anschluss daran wird derjenige von seinen Ketten befreit. Aus den Ketten legen wir ein Kreuzzeichen am Boden. Anstelle der Eisenketten, die für jüngere Kinder vielleicht zu bedrohlich sind, könnte man auch selbst gebastelte Ketten aus Papier verwenden: Dazu schneiden wir bzw. die Kinder schmale Streifen aus Papier, auf denen die jeweiligen Nöte des Einzelnen notiert werden. Die Streifen werden zu einer längeren Kette zusammengeklebt. Zum Schluss darf jedes Kind mit seiner eigenen Kraft die Kette auseinanderreißen, was gar nicht so leicht geht.
Wir berichten den Kindern, dass Leonhard sich Zeit seines Lebens für Strafgefangene eingesetzt hat. Aus Dankbarkeit haben viele dieser Gefangenen nach ihrer Befreiung dem heiligen Leonhard ihre Kette geschenkt. Daher finden sich in vielen Leonhardskapellen Eisenketten, die dem „Kettenheiligen“ geopfert wurden. Sie sind ein schönes Zeichen dafür, dass Menschen aus der Opfersituation befreit wurden und Kraft für neues Handeln geschöpft haben. Genau diesen Weg von der Passivität zur Aktivität möchten wir gemeinsam beschreiten.

Wir sprechen einen Leonhard-Hymnus
Zum Schluss stehen wir auf, nehmen uns an den Händen und sprechen gemeinsam vier Strophen aus einem Hymnus, der an das Leben des heiligen Leonhard erinnert.

Sankt Leonhard, für Gott bereit
hat sich ganz seinem Dienst geweiht,
den Armen Gottes Wort gebracht
und Christi Liebe kundgemacht.

Er ist von Gott dem Herrn bestellt
zum Schutz des Lebens in der Welt,
zu helfen, wo Gefahr uns droht,
in Krankheit und in Todesnot.

Gar oft hat er aus Kerkers Nacht
Gefangene ans Licht gebracht,
wo Unrecht Menschen eingeengt,
die Fesseln ihrer Not gesprengt.

Sein Vorbild weckt in uns die Kraft,
zerbricht das Joch der Leidenschaft.
Hält Sünd und Unheil von uns fern,
führt uns zu Christus, unserm Herrn.

Friedrich Dörr

(Aus: In Hymnen und Liedern Gott loben. Geistliche Texte zum Beten und Singen, Regensburg 1983, 176f)

Wir gestalten eine Votivtafel

Zuletzt bekommen die Kinder eine vorgefertigte Votivtafel in Hufeisenform zum heiligen Leonhard, die sie ausmalen und verzieren dürfen. Auf die Rückseite kleben sie eine Strophe aus dem Leonhard-Hymnus auf. Diese Votivtafeln könnte man im Kindergarten mit Wäscheklammern an einem Leiterwagen befestigen, den wir mit Eisenketten und Blumengirlanden wie einen kleinen Leonhardiwagen schmücken. Damit ziehen wir am Sonntag beim Kindergottesdienst in die Kirche ein, wo wir vom Pfarrer gesegnet werden. Ältere Kinder könnten im Rahmen eines Bibeltages die Votivtafeln individueller gestalten und in Form einer „Mini-Wallfahrt" in eine Leonhardkapelle tragen. Vielleicht gibt es ja sogar einen Leonhardi-Ritt im näheren Umkreis, den wir gemeinsam anschauen können.

Mit Elisabeth den Weg der Nächstenliebe beschreiten

Wir spielen „Prinzessin“, legen die Krone ab und überlegen uns, wie wir unseren Mitmenschen helfen können.

Die Heilige: Elisabeth von Thüringen (1207–1231)
Namenstag: 19. November
Möglicher Anlass: beliebig im Jahr einsetzbar
Werte: Nächstenliebe, Mitleid, Freigebigkeit
Biblischer Impuls: *Freigebig schenkt der Gerechte. (Ps 37,21)*

Die Botschaft der heiligen Elisabeth von Thüringen

Landes- und Standesgrenzen hat Elisabeth von Thüringen im Laufe ihres kurzen Lebens überschritten; grenzenlos und ungebrochen ist die Verehrung, die Elisabeth seit Jahrhunderten in vielen europäischen Ländern entgegengebracht wird. Sie ist zum Inbegriff von Nächstenliebe geworden, wovon die zahllosen Kirchen, Ordens- und Krankenhäuser zeugen, die ihren Namen tragen. Durch ihren vorbildlichen Einsatz für Arme und Kranke hat sie Zeichen gesetzt weit über das 13. Jahrhundert hinaus.

Dabei deutete nichts darauf hin, dass die ungarische Königstochter, die aus politischen Gründen mit dem Landgrafensohn von Thüringen verlobt und mit vier Jahren auf die Wartburg gebracht wurde, eine der wichtigsten Frauengestalten des Mittelalters werden würde. Willensstark, gerecht und fromm war sie schon als kleines Mädchen, aber im Unterschied zu ihren Standesgenossinnen hat sie sich über die Konventionen der Zeit hinweggesetzt und die Tugend der Barmherzigkeit zur alleinigen Richtschnur ihres Handelns gemacht.

Karitatives Wirken beschränkt(e) sich bei einer Landesherrin normalerweise in der Verteilung von Almosen. Elisabeth dagegen hat selbst Hand angelegt und sich nicht davor gescheut, Aussätzige zu berühren, Kranke zu waschen oder Verstorbene zu bekleiden. Als sie erkannt hatte, dass die Hofgesellschaft die Landbevölkerung systematisch ausbeutete, zog sie die Konsequenzen und verzichtete auf alle Privilegien ihres Standes. Dass sie im wollenen Büßergewand eine Provokation für die Verwandtschaft ihres Mannes darstellte, störte sie nicht. Ihre Liebe zu den Kranken und Notleidenden konnte keine noch so dicke Burgmauer stoppen. Im Hungerwinter 1225 / 26 ließ sie die landgräflichen Kornkammern öffnen und Getreide sowie Arbeitsgeräte an die Bauern verteilen. Einen Aussätzigen soll sie der Legende nach sogar in ihrem Ehebett gepflegt haben. Ludwig, ihr geliebter Mann, billigte all das; er ahnte wohl, dass seine Frau schon zu Lebzeiten eine Heilige war.

Nach seinem Tod musste Elisabeth mit den drei Kindern die Wartburg verlassen. Obwohl sie als Witwe Kaiser Barbarossa hätte heiraten können, entschied sie sich ganz bewusst für ein Leben in Armut. Mit ihrem restlichen Vermögen gründete sie das „Franziskushospital“ in Marburg, in dem sie bis zu ihrem frühen Tod im Alter von 24 Jahren als Spitalschwester arbeitete. Ihre Botschaft – die radikale Umsetzung der caritas und die konsequente Ablehnung von Konsum und Luxus auf Kosten anderer – ist in Zeiten von Wirtschaftskrise und Globalisierung aktueller denn je. So wollen auch wir im kleinen Maßstab versuchen, unseren Blick für die Nöte unserer Mitmenschen zu schärfen und Nächstenliebe zu praktizieren.

Wir begleiten Elisabeth auf ihrem Weg

Was wir brauchen:

- Krone, „Schatzkiste“ mit Schmuck, Stoffresten, Glitzersteinen oder goldenes Besteck
- Bauklötze
- dunkle Tücher, schäbige Stofffetzen
- ein Teller, ein Becher, ein altes Puppenbett
- Werkzeug, Steine, Dornen
- ein rotes Tuch, Brote, Getreidekörner, Pflaster, Rosenblätter
- Fotos von einem Altenheim / Krankenhaus
- Korb

Jede / r kennt eine Elisabeth

Nach unserem Eingangslied nähern wir uns der heiligen Elisabeth über den Namen. Wir zählen verschiedene Varianten bzw. Kurzformen dieses Namens wie

Lisa, Lilly, Isabelle, Ella, Betty und Sissi auf. Bestimmt ist den Kindern mindestens eine Trägerin dieses Namens bekannt. Die größeren Mädchen haben vielleicht schon von der berühmten Kaiserin Sissi gehört. Die Kleinen kennen sicher Prinzessin Lillifee, die rosarote Mädchenfantasien gut bedient.

Wir spielen „Prinz“ und „Prinzessin“

Da gerade Mädchen für ihr Leben gerne Prinzessin spielen, wollen wir ihnen dazu Gelegenheit bieten. Dazu lassen wir zunächst eine Krone herumgehen, die jeder aufsetzen darf. Wer möchte, darf aussprechen, welche Erwartungen er damit verbindet.

Impuls:

- „Wenn ich eine Prinzessin wäre, würde ich ...“

Jungen schlüpfen analog dazu in die Rolle eines Prinzen und bringen ihre Wünsche zum Ausdruck. Dann hören wir die Geschichte von der heiligen Elisabeth.

> *Es war einmal eine kleine Prinzessin, die auf den Namen „Elisabeth“ hörte. Als sie vier Jahre alt war, kamen Boten aus Thüringen an den Hof ihres Vaters, des Königs von Ungarn. Sie waren beeindruckt vom prunkvollen Leben auf dem Schloss und von den Ländereien des Königs. Ihr besonderes Interesse galt der hübschen Prinzessin, die alle in ihren Bann zog. Elisabeth – so wurde die Königstochter gerufen – musste ihre schönsten Kleider anziehen und stundenlang an der großen Tafel still sitzen. Viel lieber wäre sie stattdessen mit ihren Freundinnen im Garten herumgetollt. Ihre Vorahnung, dass sie für derartige Vergnügungen bald keine Zeit mehr haben würde, erfüllte sich, schneller als ihr lieb war.*

Eines Abends eröffneten ihr ihre Eltern, dass sie am nächsten Tag mit einem Ritter und einigen Dienerinnen nach Thüringen aufbrechen sollte. Dort gab es einen Landgrafensohn (namens „Ludwig"), den sie in einigen Jahren heiraten sollte. Elisabeth blieb nichts anderes übrig, als sich ihrem Schicksal zu fügen. Der Abschied von den Eltern und Freunden fiel ihr nicht leicht. Doch als sie die vielen Wagen erblickte, die ihretwegen mit Kostbarkeiten vollgeladen wurden, kam sie sich sehr wichtig vor. Aufgeregt stieg sie in die vornehme Kutsche, winkte ein letztes Mal mit dem bestickten Taschentuch und konnte es kaum erwarten, dass die Wagen nach tagelanger Reise ihre neue Heimat, die Wartburg, erreichten.

Wir singen und spielen „Machet auf das Tor"

An der Stelle singen und spielen wir das Kinderlied „Machet auf das Tor" mit leicht verändertem Text, der auf die Lebensgeschichte der heiligen Elisabeth Bezug nimmt. Während jeweils zwei Kinder mit ihren Händen ein Tor bilden, gehen die anderen in Zweierreihen hindurch und verlängern anschließend das Tor. Zuletzt kommt die Prinzessin, die die Krone auf dem Kopf trägt und von allen mit einem Knicks bzw. Diener begrüßt wird. Ihr folgt ein Diener, der eine Schatzkiste schleppt.

Machet auf das Tor, machet auf das Tor! Es kommt ein goldener Wagen.
Wer sitzt darin, wer sitzt darin? Eine Prinzessin mit lockigen Haaren.
Was will sie denn, was will sie denn? Sie will unseren Prinzen haben.
Was bringt sie mit, was bringt sie mit? Viele Schätze in ihrem Wagen.
Machet auf die Truh'n, machet auf die Truh'n! Wir lieben schöne Waren.

Wir werfen einen Blick über die Burgmauern

Nach dem Tanzlied setzen wir uns im Kreis um die Schatzkiste. Jedes Kind darf hineingreifen, einen „Schatz" herausholen und in die Mitte legen (in der Truhe befinden sich Schmuck, prachtvolle Stoffe, Glitzersteine, goldenes Besteck etc.). Wenn alle Schätze ausgepackt und benannt sind, bauen wir aus Bauklötzen eine hohe Burgmauer um die Kostbarkeiten. Die Kinder sollen zu einem späteren

Zeitpunkt erkennen, dass sich der Reichtum nur innerhalb der Burg auftürmt. Wie es vor den Toren aussieht, wollen wir mit Elisabeth erfahren.

Auf der Wartburg gab es für neugierige Mädchen viel zu entdecken: Ritter nahmen mit blank geputzten Rüstungen an der Tafel Platz. Diener servierten erlesene Speisen auf kostbarem Geschirr. Die Frauen trugen vornehme Roben unter ihren spitzen Hauben. Sänger und Gaukler sorgten für Unterhaltung. Abends hallten die Wände wider vom Lärm und Gelächter der Hofgesellschaft. Tagsüber musste Elisabeth, die zu einer attraktiven jungen Frau herangewachsen war, stundenlang weben und sticken, bis ihre Finger schmerzten.

Sobald ihre Schwiegermutter die Frauengemächer verlassen hatte, flüchtete Elisabeth ans Fenster. Von dort beobachtete sie das bunte Treiben im Hof: Bauern karrten Getreideladungen, Weinfässer, ja sogar lebende Tiere auf einfachen Wagen herbei. Mägde und Diener nahmen die Fracht entgegen und trugen sie in den Küchentrakt. Der mürrische Aufseher schnauzte die Bauern nicht selten an, bevor er sie wieder zum Tor hinausjagte. Einmal ließ er einen Bauern, der zu wenig Lebensmittel ablieferte, sogar in den Kerker werfen. Elisabeth empfand Mitleid mit dem Mann, der auf die Knie gefallen war und um Gnade für sich und seine Familie flehte. Als sie ihre Schwiegermutter danach befragte, bekam sie zur Antwort: „Diese Angelegenheiten gehen dich nichts an. Kümmere dich lieber um die Aufgaben, die ich dir aufgetragen habe!“

Diese Worte hatten Elisabeth erst recht neugierig gemacht. Von einer befreundeten Magd lieh sie sich ein einfaches Wollkleid aus und verließ auf die Weise unbemerkt die Burg. Wie erschrak sie, als sie das Elend in den umliegenden Dörfern sah: Die Bauern hausten in dreckigen Hütten. Ihr Leben bestand aus schwerer Arbeit und trotzdem konnten sie ihre Familien nicht ernähren. Die Kinder liefen mit knurrenden Mägen herum. Viele waren schwach und krank. Eine Frau mit einem schreienden Säugling packte Elisabeth am Arm und rief: „Helft mir, gute Frau! Mein Mann ist vorgestern

zur Burg gefahren, um alles abzugeben, was wir hatten. Er ist nicht mehr zurückgekehrt. Was soll nur aus mir und den Kindern werden?"
Ohne zu zögern streifte Elisabeth ihren Verlobungsring vom Finger und drückte ihn der verdutzten Frau in die Hand. Als diese ihre Hand küssen wollte, war Elisabeth tief bewegt. Das Gefühl, richtig gehandelt zu haben, erfüllte ihr Herz mit Freude. Gleichzeitig schämte sie sich für ihr früheres Leben. Hatte sie es sich nicht auch auf der Burg gut gehen lassen, während die Leute auf dem Land hungerten? Dass sie nicht so weiterleben konnte wie bisher, stand für sie fest. Den ganzen Heimweg dachte sie darüber nach, wie sie den Armen helfen könnte.

Nach der Lektüre wollen wir uns die Unterschiede zwischen dem prunkvollen Hofleben und dem Elend der Bauern nochmals vor Augen führen. Die Kinder sind aufgerufen die Unterschiede herauszuarbeiten. Dazu lesen wir den ersten Satz vor und die Kinder müssen den zweiten selbst erraten bzw. ergänzen. Zur Veranschaulichung der Not legen wir negative Symbole um die Burg (vgl. die Anweisungen in den Klammern). Den Prunk in der Burg haben wir vorher durch unsere „Schätze" schon angedeutet.

- Auf der Burg ist das Leben leicht und unbeschwert. / Außerhalb der Burg ist das Leben hart und voller Sorgen. (Wir legen dunkle Tücher um die Burg.)
- Die Ritter und Burgfräulein tragen kostbare Gewänder. / Die Bauern tragen Lumpen. (Wir legen einige Stofffetzen um die Burg.)
- Auf der Burg sind die Teller und Becher voll. / In den Dörfern sind die Teller und Becher leer. (Wir stellen einen leeren Teller und einen leeren Becher hin.)
- Auf der Burg sind die Kinder wohlgenährt und gesund. / In den Dörfern sind die Kinder hungrig und krank. (Wir legen ein einfaches Puppenbett hin.)
- Die Reichen feiern ausgelassene Feste. / Die Armen müssen hart arbeiten (Wir legen Werkzeug hin.)
- Auf der Burg sind die Leute fröhlich und vergnügt. / In den Dörfern sind die Leute traurig und verzweifelt. (Wir legen Steine und Dornen hin.)

Bevor wir wieder von Elisabeth hören, sollen sich die Kinder selber Gedanken machen.

Impuls:
- Was hättet ihr an Elisabeths Stelle getan?

Wir haben Mitleid wie Elisabeth

Elisabeth änderte ihr Leben von heute auf morgen: Sie legte ihre kostbaren Kleider ab und trug einfache wollene Gewänder. Sie verzichtete auf die Leckerbissen an der Festtafel und aß stattdessen lieber trockenes Brot bei den Mägden. Tag für Tag schmuggelte sie Lebensmittel aus der Burg und verteilte sie unter den Ärmsten. Als sie wieder mal einen Korb mit Brot ins Dorf tragen wollte, wurde sie von ihrem Schwager überrascht und zur Rede gestellt. „Warum tust du das?", schnaubte Heinrich wütend, dem Elisabeths Handeln schon lange ein Dorn im Auge war. Elisabeth antwortete mit einem Wort Jesu: „Seid barmherzig, wie euer Vater barmherzig ist." Verärgert riss Heinrich das Tuch vom Korb und erblickte – wunderschöne rote Rosen. Da wusste Elisabeth, dass Gott auf ihrer Seite stand. Auch Ludwig, den sie mittlerweile geheiratet hatte, stand hinter ihr. Als sie in einem Hungerjahr die Kornkammern für die Bedürftigen öffnen ließ, billigte Ludwig diese Maßnahme ausdrücklich. Mit seiner Unterstützung richtete sie am Fuß der Wartburg ein kleines Krankenhaus ein, in dem sie selbst bei der Pflege der Kranken mithalf. Bis heute wird die heilige Elisabeth als Patronin der Kranken und Notleidenden verehrt.

Dass Elisabeth um der Gerechtigkeit willen die Grenzen zwischen Arm und Reich bewusst übertreten hat, wollen wir in unserer Mitte zum Ausdruck bringen. Wir „reißen" ein Loch in die Burgmauer und verbinden Innen und Außen mit einem roten Tuch, das für die Liebe und Barmherzigkeit Elisabeths steht. Auf das Tuch legen wir Brote, Getreidekörner, Pflaster, Rosenblätter etc., um ihre unzähligen guten Taten sichtbar zu machen. Mit älteren Kindern könnte man das Mittelbild auch auf die heutige Zeit übertragen: Die Burg stünde dann für die reichen Nationen, die sich von den armen Völkern in den Entwicklungsländern oft genug abschotten. Um die Welt gerechter zu gestalten, müssten die Reichen zum Teilen der Güter bereit sein.

Wir überlegen uns, auf welcher Seite wir stehen und ob wir nicht wie Elisabeth ein bisschen Licht und Menschlichkeit in die dunklen Ecken unserer kleinen Welt bringen können. Mit Hilfe von Fotos z. B. von einem Altersheim oder Krankenhaus in der Nähe werden die Kinder auf „Hilfsbedürftige" in ihrer Umgebung aufmerksam gemacht. Bei genauerem Nachdenken wird jedem Kind ein Mensch einfallen, der sich über ein kleines Präsent von Herzen freuen würde. Für diese Menschen stellen wir einen Korb zusammen, der Blumen, Brote oder Kuchen enthält.

Tipp: Wir backen einen Rosettenkuchen

Im Rahmen eines Kinderbibeltages backen wir einen Rosettenkuchen aus Hefeteigschnecken. Die Kinder dürfen das Gebäck an ausgewählte Personen (denkbar wären auch die Ältesten in der Gemeinde) verteilen.

Rezept für einen Rosettenkuchen

Zutaten: 600g Weizen-Vollkornmehl, 300g Grahammehl, 35g Hefe, ¼ l lauwarme Milch, 50g Butter, 2 Eier, ½ Teelöffel Salz, 80g Honig, 50g Rosinen (können auch weggelassen werden), ¼ l Milch, 60g Butter, 200g Honig, 300g Mohn, 100g gemahlene Mandeln, 1 Teelöffel Zimt, 1 Esslöffel Aprikosenmarmelade

So wird's gemacht: Aus den Zutaten einen Hefeteig herstellen. Die Milch, die Butter und den Honig aufkochen, den Mohn, die Mandeln und den Zimt untermischen. Den Hefeteig rechteckig ausrollen und mit der Füllung bestreichen. Den Teig aufrollen und in 16 Stücke schneiden, die in eine eingefettete Springform gesetzt werden. Nach einer weiteren Ruhezeit kommt der Rosettenkuchen für ca. 1 Stunde in den heißen Ofen. Vor dem Servieren mit Marmelade überziehen.

Wir beten einen Psalm

Mitleid regt sich – wie der Name bereits sagt – in einem mitfühlenden Herzen. Mit Gottes Hilfe und seinem Segen können wir Gutes tun und die Welt ein bisschen gerechter machen. Deshalb beten wir zum Abschluss Psalm 37 in einer vereinfachten Version.

> *Hoffe auf den Herrn und wirke das Gute, so wird er dich segnen und beschützen.*
> *Freu dich an Gott und er wird die Wünsche deines Herzens erfüllen.*
> *Bemühe dich um Gerechtigkeit, denn der Herr stützt die Gerechten.*
> *Der Gute schenkt voll Erbarmen, an ihm hat Gott Gefallen.*
> *Der Gerechte trägt Gottes Gesetz im Herzen, seine Schritte wanken nicht.*
> *Vertraue auf den Herrn und halte ein seinen Weg, dann führt er dich in sein Reich.*

Mit Lucia ein Lichterfest feiern

Wir lassen uns von Lucia wecken, feiern ein Fest und tragen selber das Licht in die Welt

Die Heilige: Lucia (3. / 4. Jh.)
Namenstag: 13. Dezember
Möglicher Anlass: Adventsbesinnung
Werte: Hoffnung, Mut, Standhaftigkeit, Klarheit
Biblische Impulse: *Das wahre Licht, das jeden Menschen erleuchtet, kam in die Welt. (Joh 1,9) – Denn einst wart ihr (in der) Finsternis, jetzt aber seid ihr durch den Herrn Licht geworden. Lebt als Kinder des Lichts! Das Licht bringt lauter Güte, Gerechtigkeit und Wahrheit hervor. [...] Alles was aufgedeckt ist, wird vom Licht erleuchtet. (Eph 5,8–13)*

Wir beleuchten die Legende von Lucia

Lucia ist wie Johannes der Täufer ein Glaubenszeuge des göttlichen Lichts, das in Jesus Gestalt nimmt. Bereits der Namenstag von Johannes zur Sommersonnenwende am 24. Juni weist auf das Kommen Christi hin: „Er muss wachsen, ich aber muss kleiner werden“ (Joh 3,3). Lucia, „die Leuchtende“ in ihrer Namensbedeutung, kündet davon besonders in der dunklen Zeit der längsten Nächte des Jahres. Nach dem julianischen Kalender begannen diese mit dem 13. Dezember, dem Namenstag der heiligen Lucia.
Historisch überliefert lebte sie um das Jahr 300 n. Chr. in Syrakus auf Sizilien. Schon früh entschied sich das Mädchen für den christlichen Glauben. Das war nicht ohne Risiko, denn die Christen mussten Verfolgung fürchten und sich verstecken. Eine vom Vater arrangierte Hochzeit lehnte sie ab. Stattdessen half sie der christlichen Gemeinde und verteilte ihr Erbe an Arme und Kranke. Um diesen Lebensmittel in die dunklen Katakomben der Stadt zu bringen, setzte sie sich der Legende nach eine Kerzenkrone auf, damit sie beide Hände frei hatte. Ihr Bräutigam zeigte sie aus Wut über die Zurückweisung und die entgangene Mitgift beim Präfekten an. Dieser wollte Lucia ins Bordell bringen lassen, um sie zu demütigen und von ihrem Glauben abzubringen. Aber so sehr sich Zugtiere und Soldaten auch abmühten, Lucia war nicht von der Stelle zu bewegen. Man überschüttete sie mit siedendem Öl. Auch das ließ sie der Legende nach unverletzt. Schließlich stieß man ihr ein Schwert in den Hals. Bis zuletzt betete sie und verkündete ihre christliche Überzeugung. Sie ist unter anderem Patronin der Armen und der kranken Kinder. Bei Halsschmerzen und Infektionskrankheiten bittet man im Volksglauben um ihren Beistand.

Lucia – eine grenzüberschreitende Heilige

Mit dem Hochfest der Geburt Christi hat Weihnachten schon lange nichts mehr zu tun. Statt in der Zeit des Advents bewusst innezuhalten und im Vollzug überlieferter Bräuche unseren eigenen Standort zu bestimmen, verlieren wir zunehmend die Orientierung im Trubel der Christkindlmärkte, Weihnachtsfeiern im November und eines ersten Geschenketaumels am Nikolaustag. Das Lichtfest der Lucia stellt uns unsere grundlegende menschliche Sehnsucht nach dem Licht in den dunklen Tagen des schwindenden Jahres vor Augen. Wenn wir das Bedürfnis haben, es uns bei Tee und Kerzenschein gemütlich zu machen, geht es um mehr als eine inszenierte Behaglichkeit. Advent ist die Zeit der Erwartung. Wir möchten heraustreten aus der Unrast unserer Leistungsgesellschaft. Wir möchten Rückschau halten und Klarheit über unser Handeln gewinnen. Auch kirchenferne Menschen ahnen den tiefen Sinn dieser Wochen: Es kommt eine große Freude – das Licht Gottes kommt in die Welt. Lucia ist eine Grenzgängerin zwischen Licht und Dunkelheit. Indem sie selbst von einem inneren Licht erfüllt ist, kann sie die Christen in den Katakomben mit guten Gaben und Zuspruch versorgen. Sie verkündet auch uns die Hoffnung auf eine Wende der (inneren) Dunkelheit: „Und das Licht leuchtet in der Finsternis und die Finsternis hat es nicht erfasst“ (Joh 1,5). Darüber hinaus ist sie eine grenzüberschreitende Heilige. In ihrer Figur mischt sich die italienische Glaubenszeugin mit einer vorchristlichen Gestalt der nordischen Mythologie. Kinder in ganz Europa tragen ihren „leuchtenden“ Namen.

Wir feiern ein Lucien-Lichter-Namensfest

Was wir brauchen:

- weißes Nachthemd, rotes Band oder Gürtel, immergrünes Kränzlein, Kerze, Windlichtglas, Feuerzeug
- Globus, Taschenlampe, dunkles Transparentpapier
- weißes Tischtuch, rotes Band, kleine „Kerzen“ aus Goldpapier in der Anzahl der erwarteten Kinder, bereits mit dem Merkvers der Stunde *(Joh 1,9)* beschriftet, kleine Krone aus Goldpapier, die in die Mitte des Adventskranzes passen soll, Adventskranz, „Lussekatter“-Gebäck, Saft / Tee
- dünne Kränzlein aus immergrünen Zweigen in der Anzahl der erwarteten Kinder, Hutgummi, Bienenwachsplatten (je eine für zwei Kinder), Baumwolldocht, (Stumpfe) Besteckmesser, evtl. Holzbrettchen zum Unterlegen, Christbaumkerzenhalter zum Klammern in der Anzahl der erwarteten Kinder, festes, etwas breiteres Geschenkbändchen mit dem Merkvers der Stunde beschriftet

Wir beginnen den Lucia-Tag wie in Schweden

Bis auf ein Kind legen sich alle anderen auf den Boden und schließen die Augen. Der Raum ist abgedunkelt. Ein Kind darf sich nun als heilige Lucia verkleiden: Es zieht ein weißes Herrenhemd oder Nachthemd an, das an der Hüfte mit einem roten Band zusammengebunden wird. Dann setzt es sich ein dünnes Kränzlein aus immergrünen Zweigen auf. Mit einer Kerze in einem Windlichtglas tritt es vorsichtig zwischen seine Gefährten. Wenn jemand das Licht (und die Wärme) trotz geschlossener Augen spürt, darf er die Augen öffnen. Wir begrüßen alle aufgewachten Kinder mit einem „Guten Morgen“ auf Schwedisch: „god morgon“ und erklären ihnen, dass so der Namenstag der hl. Lucia in Schweden beginnt. Das älteste Mädchen einer Familie bringt seinen Eltern und Geschwistern mit einer Lichterkrone auf dem Kopf das Frühstück. Die Schweden feiern dieses Lichterfest besonders gerne, weil es bei ihnen im Winter gar nicht richtig hell werden will. Die Sonne schickt nur ein paar schwache Strahlen für wenige Stunden in ihr Land. Dies kann mit einem Globus und einer Taschenlampe „naturwissenschaftlich" demonstriert werden. Erst an Weihnachten, wenn Jesus geboren wird, werden die Tage langsam wieder länger. Nun wandert die Taschenlampe oder der Finger auf dem Globus in den Süden Europas: Auch die Italiener kennen die Santa Lucia, denn eigentlich wurde sie vor vielen hundert Jahren in Sizilien geboren. Wie kann es sein, dass in beiden weit voneinander entfernten Ländern Lucias Namenstag gefeiert wird? Vielleicht kann ihre Geschichte so erzählt werden:

Wir hören die Legende von Lucia

> *„Lucia, das heißt „Die Leuchtende", lebte damals in Syrakus auf der Insel Sizilien, die heute zu Italien gehört. Ihre Mutter erzählte ihr oft von Jesus und schon bald entschied sich Lucia, dass sie Christin sein wollte. Leider war das unter dem damaligen Kaiser von Rom verboten und viele andere Christen mussten sich in dunklen Höhlen unter der Erde verstecken. Lucia brachte diesen Menschen zu essen. Damit sie in der Dunkelheit nicht stolperte und beide Hände zum Tragen der Speisen frei hatte, setzte sie sich kurzerhand eine Krone mit vielen Kerzen auf den Kopf.*
> *Leider kam ihr Bräutigam dahinter, dass sie das Geld, das ihm eigentlich zur Hochzeit mit Lucia versprochen worden war, an die Armen verteilte oder Lebensmittel davon kaufte. Außerdem wollte Lucia ihn gar nicht heiraten. Viel lieber wollte sie immerzu Jesus dienen, wie eine Nonne. Sie sagte: „Jesus ist mein Bräutigam!" Das machte den verschmähten Mann so wütend, dass er sie beim Richter anzeigte: „Lucia ist eine Christin!" Diesem blieb nichts anderes übrig, als die arme Lucia zum Tode zu verurteilen.*
> *Als man sie aber in einem Ochsenkarren zum Richtplatz fahren wollte, blieben die Tiere wie angewurzelt stehen. Selbst als die Soldaten schoben und zogen, konnte man den Karren nicht von der Stelle bewegen. Lucia stand*

auf dem Wagen, ganz ruhig und voller Frieden. Es war, als ginge ein heller Schein von ihr aus. Da bekamen die Menschen große Augen! Sie merkten: Jetzt ist dieser Jesus, von dem Lucia erzählt hatte, ganz nahe bei ihr!
Auch nach Lucias Tod erzählte man von ihrem Mut und ihrer Liebe zu Jesus. Das hörten eines Tages Schiffsleute aus dem Norden, die in dem Hafen von Syrakus angelegt hatten. Sie sagten: So eine leuchtende, mutige Frau könnte in unserem dunklen Schweden auch ein Vorbild sein! Als sie nach Hause kamen, erzählten sie ihren Frauen, Kindern und Nachbarn von der Heiligen Lucia und bald war ihre Geschichte in ganz Schweden bekannt.

So kommt es, dass in beiden Ländern zu Lucias Ehrentag am 13. Dezember Lichterumzüge gemacht, besondere Plätzchen gegessen werden und die Kinder kleine Geschenke erhalten, so wie bei uns am Nikolaustag.

Wir lernen das Lucia-Lied

Es gibt sogar ein Lucia-Lied mit der gleichen Melodie. Die schwedische Version wollen wir gemeinsam lernen. Zunächst sprechen wir den Text, um die Kinder mit der fremden Sprache vertraut zu machen. Dabei ist genaues Zuhören gefragt. Wir fragen die Kinder: Was könnte der Text bedeuten? Wofür kann man die heilige Lucia mit einem Lied loben?
Die Kinder entdecken Lucias Mut und Entschlossenheit, von Jesus, ihrem großen, inneren Licht zu erzählen und Hoffnung auszustrahlen. Sie steht selbst dann aufrecht zu ihrem Glauben, als es um sie herum finster und bedrohlich wird. Genau davon handelt die Übersetzung des Liedtextes.

Sankta Lucia

T. u. M.: mündlich überliefert

Natten går runga fjät
Rund gård och stuva;
Kring jord, som sol förlät,
skuggorna ruva.
Då i vårt mörka hus,
Stiger med tända ljus,
Sankta Lucia, Sankta Lucia.

Übersetzung:
Dunkelheit liegt so schwer auf allem Leben.
Sonne, die scheint nicht mehr,
Nachtschatten schweben.
Durch dunkle Stub' und Stall,
schreitet im Lichterstrahl
Sankta Lucia, Sankta Lucia.

Nun überlegen wir gemeinsam, welche „Nachtschatten“ auf unserer Seele lasten können.

Impulse:
- Wie geht es dir, wenn du Streit hast?
- Wie nimmst du deine Welt wahr, wenn du traurig bist?
- Versuche einmal darzustellen, wie es sich in dir anfühlt, wenn du gelogen hast?

Um die dunklen Gefühle und ihren Einfluss auf unsere Wahrnehmung der Welt darzustellen, trennt sich jedes Kind zu seinem Begriff (Lüge, Trauer, Streit) ein Stück von einem dunklen Transparentpapier ab und hält es sich vor seine Augen. Jetzt bitten wir unsere „hl. Lucia“ vom Beginn der Feier, ihren Kranz in die Mitte zu legen. Wir stellen vier Kerzen dazu und zünden diese an. Die Kinder erkennen den Adventskranz trotz der symbolisierten Dunkelheit. Wie Lucia können wir unsere Hoffnung auf Jesus setzen. Sein Licht ist stärker als unsere Bedrückung.

Lichterprozession

Weil uns diese Erkenntnis ‚einleuchtet‘, möchten wir sie mit einer Lichterprozession in die Welt tragen. Jedes Kind erhält ein kleines Teelicht in einem Glas. Die dunklen Papierstückchen legen wir mit Steinen und dürren Ästen zu einem Weg aneinander. Mit einem Bekenntnisruf: „Jesus, du bist das wahre Licht, das jeden Menschen erleuchtet“ zünden die Kinder ihre Kerze am Adventskranz an. Die Gläschen werden vorsichtig über den Kopf gehalten und langsam und bedächtig beschreitet jedes Kind den dunklen Weg. Am Ende stellen alle ihre Gläser nacheinander auf den Boden, sodass der Pfad in einen ‚Lichterstrahl‘ übergeht. Wer möchte, kann diesen noch mit glänzenden Materialien und „Muggelsteinen“ verzieren.

Wir machen ein Lucia-Frühstück

Abschließend „frühstücken" wir an einem mit weißer Tischdecke und rotem Band festlich geschmückten Tisch. Dazu bieten sich natürlich die schwedischen „Lussekatter" an, ein Traditionsgebäck für diesen Tag. Im Rahmen eines Kinderbibeltages kann dies auch mit den Kindern gebacken werden.

Tipp: Lussekatter backen

50 g Butter oder Margarine in einem Topf schmelzen. 150 ml Milch hinzugießen. Etwas abkühlen lassen. 25 g Hefe in eine große Schüssel hineinbröckeln. Lauwarme Milch und Margarine darüber gießen und Hefe anrühren. 50 g Zucker, eine Prise Salz und 300 g Mehl in die Schüssel geben. Kräftig kneten. Danach ruht der Teig ca. 1 Stunde unter einem Küchentuch an einem warmen Ort, bis er zur doppelten Größe aufgegangen ist. Dann wird ein Ei in Zimmertemperatur und 1 Msp. gem. Safran in den Teig eingearbeitet. Eventuell noch etwas Mehl dazugeben. Den Teig in 24 Stücke teilen und zu umgedrehten kleinen „S" formen. Die Lussekatter erneut etwas gehen lassen. Anschließend werden sie mit Eigelb bestrichen, die Mittelpunkte werden mit Rosinen dekoriert. Etwa 10–12 Minuten im Ofen auf mittlerer Schiene bei 250°C backen, bis die Hefeteile goldbraun sind.

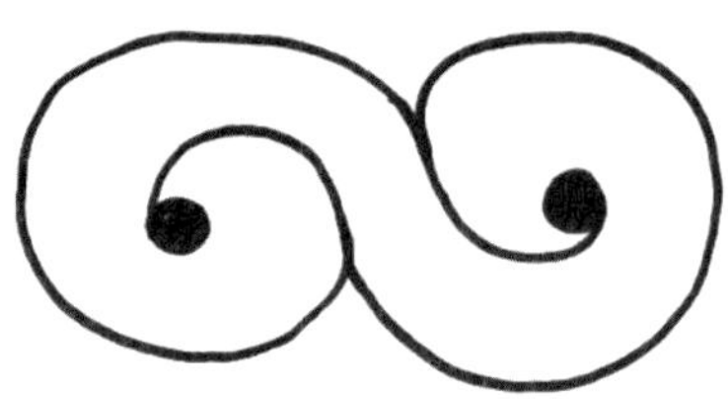

Mit David ein Hirtenlied spielen

Wir achten wie Davids Schafe auf das Zeichen unseres Hirten und kommen so wieder auf einen guten Weg zurück.

Der Heilige: David, König
Namenstag: 29. Dezember
Möglicher Anlass: beliebig, auch schön im Frühjahr
Werte: Offenheit, Vertrauen, Verantwortung, Mut, Einsicht
Biblischer Impuls: *Muss ich auch wandern in finsterer Schlucht, ich fürchte kein Unheil, denn du bist bei mir, dein Stock und dein Stab geben mir Zuversicht. (Ps 23)*

Mit David unterwegs

Vom Hirtenjungen zum König Israels – dieser Werdegang Davids erinnert an die sagenhaften Erfolgsstories unserer Zeiten, in denen aus Tellerwäschern Millionäre werden. Was aber wie ein Märchen klingt, ist bei genauer Betrachtung ein Leben mit allen Äußerungsformen der menschlichen Natur. Die Geschichten über diese zentrale Gestalt der Bibel beleuchten zahlreiche Facetten seiner Persönlichkeit: David ist ein aufgeschlossener Junge mit dem Herz „am rechten Fleck“ *(Der Mensch sieht, was vor den Augen ist, der Herr aber sieht das Herz, 1 Sam 16,7),* der als Jüngster der acht Söhne Isais die Schafe seines Vaters hütet. Gott erwählt ihn durch Samuel zum König, nachdem der bisherige Herrscher Saul durch Selbstgerechtigkeit und Ungehorsam Gott gegenüber in Ungnade gefallen ist. David beweist seine Tapferkeit und Klugheit im Kampf gegen den hünenhaften Philister Goliat. Er besänftigt durch seine musikalische und poetische Begabung seinen zunehmend misstrauisch gewordenen (und vermutlich depressiven) Rivalen Saul. Er beweist seinen Großmut gegenüber diesem, als er mehrfach sein Leben verschont. Nach dem Selbstmord Sauls zeigt sich David als Kriegsherr mit taktischem und politischem Geschick. Er besiegt die langjährigen Feinde Israels und eint die zwölf Stämme zu einem Volk, was auch heute noch in den Ecken der ineinander geschobenen Dreiecke des jüdischen „Davidsterns“ Ausdruck findet. Jerusalem macht er durch eine geschickte Eroberung nicht nur zur Hauptstadt seines Reiches, sondern auch zum religiösen Zentrum – zur Stadt Zion, der Wohnstatt Gottes. Unter ausgelassenem Feiern holt er die Bundeslade, Sinnbild für die Gegenwart Gottes, heim. David wird zum Stammvater Jesu durch die Verheißung Gottes, dass Davids Thron auf ewig Bestand haben soll *(2 Sam 7,16 / Mt 1,1).*

Dennoch ist Davids Handeln nicht frei von Fehltritten: Als er die schöne Batseba sieht, will er sie besitzen; er begeht Ehebruch, verstrickt sich in Lügen und räumt durch einen heimtückischen Mord sogar ihren Ehemann aus dem Weg. Letztendlich erweist sich David jedoch als „Mann nach dem Herzen Gottes“, der durch aufrichtige Reue sein Vertrauen auf Gottes Gnade immer wieder unter Beweis

stellt. In den Psalmen bringt er seine Seele zum Klingen. Sie handeln von seinen Zweifeln, Ängsten und seiner Wut gegenüber inneren und äußeren Feinden. Gleichzeitig kann er über Gottes Erhabenheit nur staunen: Fehltritte scheinen seinem Herrn nur von untergeordneter Bedeutung zu sein. Indem er sich seiner Fehler bewusst wird und sie bereut, stellen sie für ihn die Möglichkeit dar, sich aus ihnen heraus zum Positiven zu entwickeln: Aus Wut wird Mut – Mut, aus dem Scheitern zu lernen.
Wir begegnen David in der Person des Hirtenjungen und schaffen damit einen kindgerechten Zugang zu der komplexen Geschichte. Der *Psalm 23* schildert dabei Davids Gottvertrauen, das seine Berufung zum König möglich macht und das der Grund seines Glaubens ist. Auch uns ist das Bedürfnis nach Schutz und Versorgung nicht fremd. Der Text macht deutlich, dass wir diese Zuwendung von Gott erwarten dürfen. Nicht umsonst taucht der Psalm immer wieder in den Liturgien der Kirchen auf, in der evangelischen Kirche gehört er zum „Basiswissen" in der katechetischen Unterweisung des Konfirmationsunterrichts. Auch der große Philosoph Immanuel Kant findet nichts Vergleichbares in der Literatur: „Alle Bücher, die ich gelesen habe, haben mir diesen Trost nicht gegeben, den mir dies Wort der Bibel gab."

Wie gestalten wir unsere David-Stunde?

Was wir brauchen:

- grüne Tücher, Flöte, Schafe aus Stoff, Holz, Plastik oder Gummi
- Spazierstock oder Ast mit gebogenem Ende, großer „Knüppel" oder Axtgriff aus dem Baumarkt, Schleuder aus Zeitungspapier und Leder- bzw. Stoffresten
- Tonpapierkärtchen

- ein Korb voll Proviant
- Stücke einer Papprolle (Küchentuch, Toilettenpapier), rosa Tonkarton, ungesponnene Schafwolle oder Watte, Schere, Kleber, schwarzer Stift

Wir spielen „Ich sitze im Grünen“

Um uns gegenseitig bewusst wahrzunehmen, beginnen wir die Stunde mit dem Spiel „Ich sitze im Grünen und rufe“. Dazu setzen sich alle Kinder in einen Stuhlkreis. Ein Stuhl bleibt frei. Dieser muss von dem Kind, das rechts oder links davon sitzt, besetzt werden – je nachdem, welches schneller ist. Dabei ruft es: „Ich sitze ...“. Jetzt rutscht das nächste Kind auf den gerade frei gewordenen Platz mit den Worten: „... im Grünen“. Das dritte Kind wechselt seinen Platz auf den zweiten Stuhl und vollendet den Satz: „... und rufe: [Name eines Kindes]“. Dieses Kind kommt durch den Stuhlkreis auf den freigewordenen Sitz. Um seinen Stuhl bemühen sich wieder das rechte und das linke Kind. Gerade der unvorhersehbare Richtungswechsel macht das Spiel spannend. Zudem kommen auch Kinder an die Reihe, die nicht so oft aufgerufen werden. Nach einigen Minuten beenden wir das Spiel und fragen die Kinder, wie es ihnen ergangen ist. Alle Beteiligten im Blick zu haben, ist gar nicht so einfach. Jederzeit kann man selbst oder das Nachbarkind aufgerufen werden. Es heißt gut aufzupassen und vielleicht auch jemanden zu stupsen, wenn dieser gemeint ist. Um den freien Stuhl zu erwischen, muss man sich auch durchsetzen, aber nicht zu wild.

Wir hören eine Geschichte vom Hirtenjungen David

Wir richten die Aufmerksamkeit der Kinder nun auf unsere biblische Geschichte und gestalten mit einem grünen Tuch und einigen Schafen (Stoff- oder Bauernhoftiere) ein Bild in der Mitte des Stuhlkreises.

„Schnell Eliab, beeil dich! Ich kann David schon sehen! Schima rennt aufgeregt über den Hof. „Ja ja, hol du die anderen!“ antwortet Eliab. Hastig fegt der junge Mann die letzten Holzspäne mit dem Fuß beiseite. Seit Tagen schnitzt er schon an einem Geschenk für seinen jüngsten Bruder. Heute Abend wollen sie mit der Familie seinen Ehrentag feiern. Davids blonder Haarschopf leuchtet in der Abendsonne, als er mit der kleinen Schafherde näherkommt. Deutlich hört man seine helle Stimme, wie er das Leitschaf antreibt. Immer wieder muss er mit flinken Schritten den frechen Lämmern zuvorkommen und sie zurück zu ihren Müttern scheuchen. Schima kommt mit Vater Isai, Abinadab und weiteren vier Brüdern aus dem Haus. Zusammen mit Eliab stellen sich alle auf, um David zu begrüßen. Herzlich schließt der Vater seinen jüngsten Sohn in die Arme. Jetzt drängelt sich Schima aufgeregt vor seine Geschwister. „Hier, David, die habe ich für dich gemacht!“ und holt aus seiner Tasche eine kleine Flöte aus Weidenholz.

Hier legen wir eine kleine Flöte auf das Tuch in der Mitte.

David bringt keinen Ton heraus, so sehr hat ihn der Empfang seiner Familie überrascht. „Danke, Schima!“, stammelt er verlegen und setzt das Musikinstrument an die Lippen. Mühelos erklingen ein paar helle Töne. Gleich spitzen die Schafe, die im ganzen Hof herumstehen und an den Sträuchern und Blumen knabbern, ihre Ohren. „David, du solltest erstmal deine Tiere in den Stall bringen!“, brummt der Vater. „Dazu kannst du sicher dies hier gebrauchen!“ lächelt ihn der älteste Bruder an und zieht hinter seinem breiten Rücken einen kunstvoll geschnitzten Hirtenstab hervor.

Ein Spazierstock oder ein langer Ast mit einem gebogenen Ende wird dazugelegt.

David bleibt die Luft weg. „Das habe ich mir schon lange gewünscht! Danke, Eliab!“ „Ich musste lange suchen, bis ich den richtigen Ast dafür gefunden habe! Schau mal, mit dem gebogenen Ende kannst du die Schafe wieder zu dir herziehen, wenn sie in Gefahr sind.“ Mit seinen großen rauhen Händen streicht Eliab über das gekrümmte Holz. David spürt, dass seine Familie stolz auf ihn ist. Er macht seine Arbeit als Hirtenjunge schon eine ganze Weile. Man muss alle Tiere im Blick behalten. Manchmal brauchen sie einen kleinen Schubser, damit sie alle zusammen bleiben, wenn sie auf dem Weg zu einem neuen Weidegrund sind. Zum Glück ist er noch keinen wilden Tieren begegnet, die er vertreiben musste. Das kann richtig gefährlich für den Hirten werden! Aber auch dafür wartet heute noch eine Überraschung auf ihn: Abinadab hat eine grobes Stück Holz so lange geschliffen, bis es zu einer prächtig glänzenden Keule geworden ist.

Jetzt kommt ein Axtgriff oder dickes Stück Holz auf das Tuch.

Die anderen Brüder haben aus Lederresten und Steinen eine Steinschleuder für ihn gefertigt.

Um diese zu illustrieren, umwickelt man ein Knäuel Zeitungspapier mit einem Stückchen Leder oder braunem Stoffrest und bindet dieses mit einem langen Lederbändchen oder Wollfaden zusammen.

Jetzt hat David die ganze Ausrüstung zusammen. Er fühlt sich nicht mehr wie ein kleiner Junge. Alle haben ihm gezeigt: Wir trauen Dir die Verantwortung zu. Sei aufmerksam und mutig, sei klug, wenn Du in Gefahr kommst. Du wirst es gut machen.

Am späten Abend liegt David in seiner Kammer. Er lauscht den Atemzügen seiner Geschwister, die schon lange schlafen. Er betet voller Dank zu Gott: Herr, Du hast mich heute wunderbar versorgt. Nichts fehlt mir mehr, um ein guter Hirte zu sein. Jetzt kann ich mich um meine Schafe kümmern und neue Wiesen und frische Wasserstellen für sie finden. Wenn ich in Gefahr komme, muss ich mich nicht fürchten – ich habe ja einen prächtigen Stab und eine kräftige Keule. Endlich finden alle, dass ich nicht mehr klein bin.

Als David am nächsten Morgen mit seinen Schafen auf die Weide zieht, jubelt sein Herz immer noch. Er zieht seine neue Flöte hervor und spielt ein Lied für Gott, der auch ihn versorgt, wie es ein guter Hirte tut.

Wir singen Davids Lied und tauschen uns darüber aus

Zuversicht

T. u. M.: Michael Herrmann, nach Psalm 23

David fühlt sich beschützt und begleitet, als ob er das Schaf wäre und Gott sein guter Hirte. Er weiß, dass er Gott vertrauen kann, auch in Situationen, in denen er sich wie ein Schaf verlaufen hat oder in Gefahr gekommen ist. Gott ist stärker als alles, was ihm Angst macht. David beschreibt dies mit dem Bild einer dunklen Schlucht. Die Kinder überlegen zunächst, was sie bedrückt. Die Begriffe schreiben wir auf Tonpapierkärtchen und legen sie unter die Keule. Anschließend fragen wir die Kinder, wann sie selbst in eine bedrohliche Situation geraten sind.

Impulse:

- Hast du dich schon mal verlaufen oder bist vielleicht selber weggegangen? Was hast du dann gemacht?
- Wie erging es dir, als du wieder zurückgekommen bist? Wer hat auf dich Acht gegeben?
- Ist es wichtig, dass man auch auf andere Acht gibt?
- Hast du schon mal Angst um jemanden gehabt?

Während die Kinder ihre Erlebnisse schildern, legen wir ein dunkles Tuch in unsere grüne Weide und stellen einige Schafe exemplarisch hinein. Wir erkennen: Manchmal kehrt man von selber wieder auf die gute Weide zurück, weil man es sich besser überlegt. Manchmal ist man froh, wenn man zurückgeholt wird. Dazu nehmen wir den Hirtenstab und ziehen ein Schaf wieder auf das grüne Tuch zurück. Wer möchte, darf diese Geschicklichkeitsübung, ähnlich eines Angelspiels, nachvollziehen. Der Stab wird dazu aufrecht weitergegeben

Impuls:

- Habt ihr einen solchen Stab schon einmal gesehen? (Ein aufmerksames Kind erkennt vielleicht sogar den Zusammenhang mit einem Bischofsstab)

Mut zur Umkehr und zum Vertrauen

Zusammenfassend halten wir fest: Es ist gut, wenn jemand auf uns aufpasst. Wir fühlen uns beschützt, weil da einer ist, der stärker ist als unsere Angst. Wir brauchen aber auch immer wieder Offenheit zur Korrektur, um auf einem guten Weg zu bleiben (Beispiel Schule, Lernen). Es erfordert Mut zuzugeben, wenn man etwas falsch gemacht hat und zurückkommen will. Gott ist diese Haltung sehr wichtig. Darüber freut er sich genauso, wie sich unsere Eltern gefreut haben, wenn wir wieder wohlbehalten bei ihnen ankamen. Dann ist alles wieder gut. David hat im Laufe seines Lebens diese Erfahrung gemacht. Er wurde sogar zum König gesalbt – ein Hirte über viele Menschen – weil er sich mutig um ihr Wohlergehen sorgte (vielleicht kennt ein Kind die Geschichte von Goliath). Allerdings hat er auch schlimme Fehler gemacht (bei entsprechendem Alter der Kinder kann man sie in einem begrenzten Maß mit Davids Ehebruch und Lüge konfrontieren – allerdings sollte man sich nicht zu lange damit aufhalten). Gott hat ihn darauf hingewiesen – David hat es eingesehen und ist „umgekehrt“.
Davids Psalm geht weiter: Gott feiert ein Fest, so froh ist er über ein Schaf, ein Kind, einen Hirtenjungen oder König David, wenn es/er ihm vertraut. Er sagt: Wenn du bei mir bleibst, dann kümmere ich mich um dich, dein ganzes Leben lang.
Wir sprechen die letzten Strophen (5–9) mit den Kindern.

Wir basteln kleine Schafe

Anschließend decken wir einen festlichen Tisch mit grünen Tüchern und feiern gemeinsam. Nachdem wir uns gestärkt haben, basteln wir kleine Schafe.

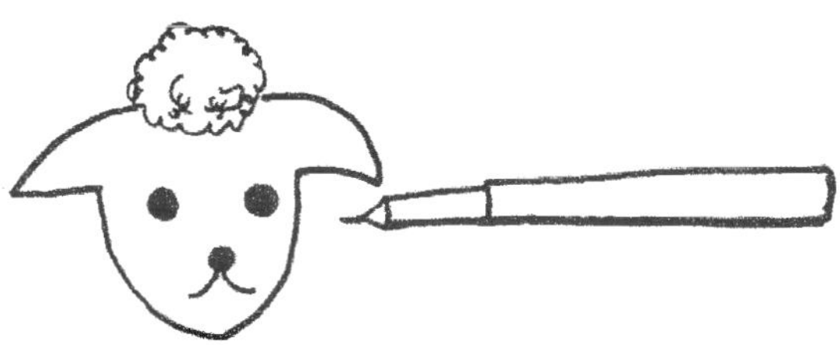

Dazu benötigen wir ein Stückchen einer Papprolle (Küchentuch, Toilettenpapier), rosa Tonkarton, ungesponnene Schafwolle oder Watte, Schere, Kleber, schwarzen Stift. Auf den Tonkarton zeichnen wir einen Schafskopf mit Ohren, den wir ausschneiden. Zwischen die Ohren kleben wir etwas Wolle und malen ein Gesicht auf. Anschließend kleben wir Wolle auf die Papprolle. Den Schafkopf kleben wir zum Schluss an den Körper. In den Körper schieben wir unseren Psalm 23, den wir den Kindern zur Verinnerlichung und zum Auswendiglernen mitgeben.

Im Rahmen eines Projektes – unabhängig vom winterlichen Datum des Namenstages – kann man natürlich auch die Hirtenutensilien nachbasteln. Im Internet gibt es sehr genaue Anleitungen zur Herstellung einer Weidenpfeife, die allerdings etwas Geschicklichkeit erfordern. Das Holz schneidet man dazu am besten im Frühjahr, solange die Bäume noch ohne Blätter sind. Eine Bibelwanderung unter dem Motto „Mit David unterwegs“ unterstreicht die im Psalm 23 gewählten Bilder.

Literatur

Die Bibel in der Einheitsübersetzung (1980), Stuttgart: Katholische Bibelanstalt.

Baumotte, Manfred, Hg (1998): Teresa von Avila. Wie mit einem Freund: Wege zum Gebet. Zürich; Düsseldorf: Benziger.

Beck, Rufus; Leger, Elke (2007): Kinder lieben Märchen ... und entdecken Werte. München: Knaur.

Elschenbroich, Donata (2001): Weltwissen der Siebenjährigen. Wie Kinder die Welt entdecken können. München: Goldmann.

Gesing, Reinhard, Hg. (2009): „Mit der Liebe!“ Der Rombrief Don Boscos und seine Bedeutung für die Pädagogik und Jugendpastoral heute. München: Don Bosco.

Grün, Anselm (2002): Fünfzig Helfer in der Not. Die Heiligen fürs Leben entdecken. 4. Auflage, Freiburg: Herder.

Holtz, Leonhard (2001): Geschichte des christlichen Ordenslebens. Düsseldorf: Patmos.

Keller, Hiltgart L. (1970): Reclams Lexikon der Heiligen und biblischen Gestalten. Legende und Darstellung in der bildenden Kunst. 2. Auflage. Stuttgart: Reclam.

Lorenz, Erika, Hg. (1998): Teresa von Avila. „Ich bin ein Weib – und obendrein kein gutes“. Eine große Frau, eine faszinierende Mystikerin. 6. Auflage. Freiburg; Basel; Wien: Herder.

Mayer-Skumanz, Lene (2007): ... und die Spatzen pfeifen lassen ... Geschichten von Don Bosco. 2. Auflage. München: Don Bosco.

Melchers, Erna und Hans (1995): Das große Buch der Heiligen. Geschichte und Legende im Jahreslauf. Bearbeitung: Carlo Melchers. 14. Auflage. München: Südwest.

Münzebrock, Elisabeth (2004): Meister der Spiritualität: Teresa von Ávila. Freiburg: Herder.

Neiser, Birgit (1998): Leonhardi – Der Tag des bayerischen Herrgotts. Dachau: Verlagsanstalt Bayerland.

Ralls, Karen (2008): Maria Magdalena – Ihre Geheimnisse und ihre Geschichte. Übers. v. Eva Leopold, Köln: Evergreen.

Schauber, Vera; Schindler, Michael (2003): Mein großes Buch der Heiligen und Namenspatrone. München: Bernward bei Don Bosco.

Schlosser, Marianne (2006): Katharina von Siena begegnen – Zeugen des Glaubens. Augsburg: St. Ulrich.

Standop, Jutta (2005): Werteerziehung. Einführung in die wichtigsten Konzepte der Werteerziehung. Weinheim; Basel: Beltz.

Voragine de, Jacobus (2008): Legenda aurea – Die Heiligenlegenden des Mittelalters. Köln: Anaconda.

Anmerkungen

1 Pascual Chavez Villanueva, in: Vera Schauber / Michael Schindler, Mein großes Buch der Heiligen und Namenspatrone, München 2004, S. 8.

2 Aus: Die Bibel – erschlossen und kommentiert von Hubertus Halbfas, Düsseldorf 2001.

3 Anne Hoffmann (2005), S. 6, in: Spaß, Wahrhaftigkeit und echte Freundschaft. Ein Priester erfindet die Glücksformel der Jugend. Aus dem Leben von Johannes Bosco, München: Don Bosco.

4 Illustration von Martina Špinkovà aus: Vera Schauber/Michael Schindler: Mein großes Buch der Heiligen und Namenspatrone, München 2003, Don Bosco Medien, S. 31

5 Schlosser (2006), S. 150.

6 Schlosser (2006), S. 32.

7 Nach der Überlieferung gibt es zwei Heilige, die Sophia heißen. Die eine, Sophia von Rom, lebte und starb als jungfräuliche Märtyrerin im 2. Jahrhundert nach Christus. Ihr Namenstag am 15.05. ist durch das Brauchtum sehr bekannt, sie gehört als „kalte Sophie“ zu den „Eisheiligen“. Der Namenstag der anderen heiligen Sophia wird am 30. September gefeiert. Sie lebte als Witwe mit ihren Töchtern Fides, Spes und Caritas in Mailand und starb mit diesen unter der Christenverfolgung des Kaisers Diokletian im 4. Jahrhundert. Die Geschichten um beide Gestalten haben stark legendarischen Charakter und lassen sich daher nicht deutlich voneinander trennen. Wir haben die gemeinsame Glaubensaussage, die diese Frauen in ihrer Person verkörpern, in unserer Namenstagsstunde im Sinne der christlich-antiken Weisheitstradition verbunden.

8 Vgl. Elschenbroich (2001), S. 131.

9 Vgl. Elisabeth Münzebrock, (2004), S. 18

10 http://www.sg.org.tr/cmsg/uploads/pics/okt98art22.jpg)

7 Heilige – 7 Vorbilder

ISBN 978-3-7698-1809-3

ISBN 978-3-7698-1810-9

ISBN 978-3-7698-1811-6

ISBN 978-3-7698-1812-3

ISBN 978-3-7698-1813-0

ISBN 978-3-7698-1814-7

ISBN 978-3-7698-1815-4

- Geschichten von Heiligen im beliebten Miniformat
- Mit fröhlichen Illustrationen und einfachen Texten
- Für Kinder von 3 bis 8 Jahren

DON BOSCO

LEBENDIG. KREATIV. PRAXISNAH.